做一名有思考力的教师

成尚荣 主编

上海教育出版社

图书在版编目（CIP）数据

做一名有思考力的教师 / 成尚荣主编. — 上海：上海教育出版社，2023.7（2024.6重印）
ISBN 978-7-5720-2088-9

Ⅰ.①做… Ⅱ.①成… Ⅲ.①小学语文课－教学研究 Ⅳ.①G623.202

中国国家版本馆CIP数据核字(2023)第139777号

责任编辑　杨文华　殷有为
封面设计　陆　弦

做一名有思考力的教师
成尚荣　主编

出版发行　上海教育出版社有限公司
官　　网　www.seph.com.cn
地　　址　上海市闵行区号景路159弄C座
邮　　编　201101
印　　刷　山东韵杰文化科技有限公司
开　　本　890×1240　1/32　印张 8.875　插页 4
字　　数　238 千字
版　　次　2023年8月第1版
印　　次　2024年6月第2次印刷
书　　号　ISBN 978-7-5720-2088-9/G·1871
定　　价　68.00 元

如发现质量问题，读者可向本社调换　电话：021-64373213

澎湃的思想，在语文教学的上空盘旋飞扬

成尚荣

我读《小学语文教师》很多年了。

《小学语文教师》是我的良师益友，给了我极大的鼓舞，也给了我深刻的启发。每期寄来的样刊，我都会从头阅览一遍。我的眼光往往在这几个地方久久地停留。

一是编排在前的几篇文章。每篇编排在前的文章都有足够的分量，都有新意和深意，反映着课改，尤其是语文教学改革的方向、理念与重点。我总是从作者中找寻找新面孔，每一张新面孔，都有最美的表情与独特的风格。《小学语文教师》帮助、托举了多少优秀的语文教师啊！真是名副其实的小学语文教师的精神家园和起飞平台！

二是最后几页。读者与编者的问答环节，那是我必看而且细看的。虽都是一个个具体的知识性问题，但那些解答背后都有着学科知识，都有着深刻的智慧，都体现了《小学语文教师》的精神与品格。

除此之外，当然还会着重看卷首。卷首的作者大多是名师、名家，也有新秀，阅读时他们好像在与我交流，而且在问：你认同吗？你还有话要说吗？我往往会会心一笑。卷首，背后都站着一位位名师、专家，展示他们的教学情怀、育人智慧的同时，也在邀请我们一起思考、交流。

记得我写过一篇卷首《"怪作家"与"怪老师"》，提倡"怪"，提倡个人风格和个性，这是否合适？我本有点担心，但是《小学语文教师》却刊用了这篇文章。我钦佩《小学语文教师》的眼光与胆量。《小学语文教师》鼓励了我自主思考，我的思考力的提高与它密不可分。这样的故事也发生在许多人身上，称《小学语文教师》为教师思想成长的沃土是恰如其分的。

读卷首，让我们走出了重复的日常，成为思维广场悠然散步的思想者、审美创造者。这正符合《小学语文教师》的创刊主旨——做一名有思考力的教师。

无疑，这一办刊宗旨有深度、有启发性。这一宗旨，也体现在一篇篇卷首中。卷首虽篇幅短小，却内涵丰厚、意蕴深刻，鼓舞了语文教育先行者和后来人。如今，一篇篇卷首荟萃成集，成为中国特色语文教学的改革的一个缩影。

何为思考力？思考力是一种思考的能力，本质上是思维能力。思维被恩格斯称为地球上最绚丽的花朵。思考力以观察力为基础，以问题为导向，以实践为起点，以想象为手段，与阅读相结合，能让头脑成为思想的跑马场。思考力往往基于对自我的反思和抵抗。卡夫卡说过一句相当深刻、意味深长的话："我抵抗自己的局限性与惰性。从根本上来说是抵抗这张办公桌和这把椅子。"思考力的形成与提升，实质是对自己的抵抗，尤其是对自己局限性和惰性的抵抗。克服局限性和惰性，从重复的日常工作中走出来，走向广阔的生活田野，主动迎接改革的潮流，才会培养出思想。

这本卷首集展示了思考力生成与提升的路径：问题—思考—看法—观点—观点的深刻化与结构化—思想。这条路径是思考力形成的逻辑。如果诗意地表达，那就是"举头望明月，低头思语文"。如此，心中必有一轮明月。用宗白华的话来说，那就是"向大自然的大书中读那一切真理的符号"，那胸中必有千峰万壑。用毛泽东的话来说，那就是"书生意气，挥斥方遒，指点江山，激扬文字"。如此，我们便能在思想的世界里自由驰骋。总之，我们乘长风而去，在逍遥游中，让思想在语言文字的上空盘旋，总有一天它会落在文字上。

马克思指出，人不是抽象地蛰居在世界之外的存在，而是一种精神的存在。如果用在教师身上，我的理解是：教师是精神劳动者、思想劳动者，也是情感劳动者。用一句话概括就是，教师是智慧劳动者。教师是这样，语文教师更是这样。看来，做一名有思考力的教师，不仅是《小学语文教师》的宗旨，而且是我们语文教师，以及所有教师应有的共同追求。

其实正是如此。从这些卷首文章中，我们看到了一位位语文教学的名师、专家。他们用自己的思想深耕语文的原野，开发智慧的源泉，洋溢思考的激情。卷首，是教学改革的窗口，在开满鲜花的窗台上，我们看到了火热的改革情景；卷首，是燃烧的火把，在熊熊的火焰中，我们感受到澎湃的激情和未来的光明；卷首，有鲜活的灵魂，在多彩的文字里，我们体悟到思维的飞扬和理念的内蕴。

这本卷首集，让我们再次认识了思想的力量，见识到了出众的思考力；

卷首集，是一片思想的丛林，观点的碰撞，生出人类社会中绚丽的思想之花；

卷首集，是一个偌大的世界，五彩缤纷的语文生态，凸显了教育主题深刻的意蕴；

卷首集，是一股奔涌着的潮流，其中可见人物、见教学、见改革，见到一个时代和未来。

让我们向卷首集背后的作者学习，向语文教师们学习，向改革、研究实验者们学习，不断抵抗自己人性的弱点。

我们，永远为此而努力。

序言

品人物

论教育

说教学

做一名有思考力的教师

谈读写

聊成长

做一名有思考力的教师

品
人
物

袁瑢老师的经验不过时

贾志敏

20世纪50年代初，袁瑢老师就以杰出的成绩享誉大江南北，并获"全国劳动模范"称号。她和斯霞、霍懋征一起被誉为"中国三大名师"。晚年，她虽已离开教坛多年，仍心系语文、心系课堂、心系学生……

本人追随袁老师多年，获益不少。我每每去老城厢一套老式公房拜见她、聆听她教诲，她总是耳提面命，谆谆教导：

"我们做教师的，既要教书，又要育人。"

"作为一名教师，不是只教'好学生'，而是'教好学生'，教好每一个学生。"

"写字要一笔一画分明，不要敷衍马虎；做人要堂堂正正，不要随波逐流。写字像做人；做人像写字。字如其人。"

袁老师坚持认为："小学教育是基础教育，是'养成教育'，是'根'的教育。'良好习惯的培养'往往比'语文知识的传授'更重要。"

据说，新生入学第一课，袁老师是这样教《整理书包》的：第一步，认识课程表；第二步，按照课表在书包里有序置放课业用品；第三步，用废弃的报纸给新书包上书皮；（课堂气氛异常活跃）第四步，按顺序练习"取书""放书"和"收书"。（小学生开心极了，发现学校生活竟如此有趣）

第二天，袁老师早早地站在教室门口迎候学生。她会躬身对一个小学生说："我能看看你的小书包吗？"于是，这孩子打开书包，接受检查。袁老师边看边夸："真干净！真能干！"此时，围观的孩子越来越多，孩子们都接受了教育……袁老师所教学生的好习惯，就是这样养成的，正所谓"潜移默化""滴水石穿"。袁老师常说："小树要浇，小孩要教。教孩子一年，要想到他终身。"

袁老师的教学经验可以概括为五个字：细、实、活、深、严。"细、实、深、严"是根基，"活"是灵魂。

袁老师《秋天的田野》的教学耐人寻味。课上，袁老师出示三个句子：金色的稻子弯着腰；红通通的高粱迎风飘；雪白的棉花闪着银光。袁老师让学生想象眼前该是一幅怎样的美景，请学生添上一句概括性的句子。学生说出多种答案："秋天的景色多么美好啊！""秋天的田野多么美好啊！"……

"用'田野'好，还是用'景色'好呢？"袁老师进一步启发大家。学生们议论纷纷，各抒己见："秋天的景色不全是美好的，树叶枯黄了、树冠光秃秃的……""稻子、高粱、棉花都种在田野里，如今这些庄稼成熟了，稻子弯腰，高粱低头，棉花闪光，一片美好的丰收景象。所以用'田野'比较合适。"最后，全班同学一致赞成"秋天的田野多么美好啊"。

这是实实在在的语文课，是袁老师牵着孩子们的小手，漫步在语文丛林中欣赏、采摘以及品尝，尽享语文之美。

袁老师总是无限感慨："我们的教学目标必须明确。讲课要实在，不搞花架子，让学生学有所得。我们要从实际出发，教学过程要由浅入深，由易到难，环环相扣，逐步提高。"

这是袁老师的经验。她的经验没有过时——在当前，显得尤为珍贵。语文教学是一项"慢"的艺术。教学不需要"出新奇"，更不需要"摆噱头"。

我们要教会小学生读好书，写好字；说好话，写好话。概言之，学会倾听，学会表达。

简简单单教语文，一心一意为学生发展服务。

品
人
物

袁瑢老师永远活在我们心中

徐　鹄

2017 年 8 月 23 日下午，徐家良老师接连给我发了两条微信。打开手机，看到："袁老师走了！""一代教育泰斗袁瑢老师于 8 月 23 日 13 时 14 分因病故世。"

我呆住了！前一天，在家良老师家中，我们还说过两天去看望袁老师，万万没有想到，第二天就传来噩耗！我真后悔，如果当天就去袁老师家，还能见上最后一面！一想到再也见不到敬爱的袁老师，我禁不住潸然泪下。那一夜，我久久不能入眠……

袁瑢老师是我最敬重的人。早在 20 世纪 50 年代，我就听说了袁老师的大名。改革开放以后，我多次慕名去上海市实验小学聆听袁老师的公开课，每回都被袁老师神奇的课堂和她高超的教学艺术所折服！课堂上，袁老师简直就像是位魔术师，她只要稍加指点，那些孩子就会灵光四射，个个能说会道，才思敏捷。惊讶之余，我更是羡慕不已！

20 世纪 80 年代初，我加入沪教版语文教材编写组以后，有幸结识袁瑢老师。因参加《袁瑢语文教学三十年》的书稿讨论会，我对袁老师的学识、教学和为人有了更全面的认识。1986 年开始，我追随徐家良老师开展小学作文教学改革的课题研究，课题得到袁老师的全力支持。袁老师也经常到我们的课堂上听课评课，给我们许多具体指导。

1993 年，经袁瑢老师举荐，我到耀中上海国际学校主持中文教学。袁老师是学校特聘的常年顾问。整整七年时间，我有幸经常聆听袁老师的教诲，学习袁老师的为人，深切感受袁瑢老师高尚的人格魅力和大师风范。袁老师对我的工作给予悉心指导和大力支持。她语重心长地对我说："我们在耀中工作，代表的是中国教师的形象。我们所做的一切，都是为了让汉语走向世界，让来自世界各地的孩子都喜欢中文。"她经常告诫我们："要教会孩子说比较规范的汉语，为他们打好扎实的基础，教师自己首先要有深厚的汉语专业基础，自己的语言首先要规范。"

袁老师还常常结合自己的教学实践，以生动具体的案例启发大家。比如，她说："你教学生认识这个'裹'字，自己就一定要知道，汉字里有一种是特殊的形声字，就是表形的部分被分开，表音的部分在中间。讲了这个，学生就比较容易在'衣'部里查到这个字。如果教师本身没有这方面的知识，让学生在'亠'部里是查不到'裹'字的。"

在我的心目中，我国优秀知识分子的特质，在她身上都能找寻到痕迹。

2006年7月，我从耀中退休。怀着一颗感恩之心，我每年都要数次登门拜访袁瑢老师。一到袁老师身边，我就会像个孩子一样，有什么想法，都会向她汇报；有什么问题，都会向她请教。不管我说什么，袁老师都乐意听，不时还会提几个问题，或是插几句话。每次交谈都是那么温馨，那么亲切，让我倍感温暖。我们谈得最多的还是关于"减负"、关于语文教学改革的话题。袁老师一再叮嘱我："任何时候，都要按照规律办事。如果违背规律，必定苦了教师，害了学生！"袁老师就是这样一个人，一生热爱教育事业，一心想着孩子的成长！

如今，袁瑢老师已经驾鹤西去。中国教坛失去了一位泰斗，我失去了一位敬爱的导师和挚友，心中的悲痛难以言表。

袁老师，您的精神，将永远活在我们心中！

品
人
物

她把整个心灵献给了孩子

杨文华

在缅怀李吉林老师的文字中，有一段话紧紧抓住了我的心，让我潸然泪下——李老师身患重病，在最后的时光里，她没有去别的医疗条件好的大医院，而是选择了她工作了一辈子的南通师范学校第二附属小学对面的南通市中医院。住院的当天，她唯一的期盼就是："希望所住的病房能朝向学校，让我能看到孩子。"

看到这段话的老师无不为之动容。李老师真正以自己的生命诠释着师爱的真谛——把整个心灵献给孩子。

由衷地爱孩子，心中时刻想着孩子，反映在李老师所有的教育教学行为中。

开展情境教学，李老师经常会带学生到野外观察。为了增强效果，每次活动她都是提前到野外选景，自己先认真观察研究一番。从学校北边的田野到城南的公园桥畔，直至濠河岸边……都留下了她的足迹。

有一次为了寻找"秋天田野"的典型场景，她一个人清晨骑车来到城南郊外，搜寻着相关景物和最佳观察位置。从晨光微露到旭日东升，反复寻找了近两个小时，才最终确定下了令自己满意的观察秋天田野的地点。

第二天一早李老师把孩子们准时带到野外。看到野花上晶莹透亮的露珠，孩子们惊喜异常。此时此刻，"秋天田野"不再是书本上一个抽象的词汇，而是鲜活地展现在孩子们眼前。大自然的神奇和美丽深深触动了孩子们情感的心弦，也触发了他们内心强烈的表达愿望和热情，诗一样语言从他们的口中汩汩而出："小露珠给野花戴上了珍珠项链，在阳光下闪亮而圆润。""小露珠像大自然的眼睛。"……

做一名有思考力的教师

课堂上，李老师时刻想着孩子们，努力创设生动的教学情境，把课上到孩子们的心坎上。

一次上《月光曲》一课，为了达到理想的教学效果，李老师决定用简笔画再现课文描写的三个画面：第一幅画用一根细线，表示海平面线，线上画一个月亮，表示"月亮从水天相接的地方升起来"；第二幅是月亮越升越高，穿过一缕缕轻纱似的微云；第三幅是月光下波涛汹涌的大海。尽管李老师的简笔画有一定功底，但是这次也遇到了难题。那就是第三幅波涛汹涌的大海，怎么用简单的线条呈现呢？

李老师先向美术老师请教，然后晚上一个人在家一遍一遍地练。上百遍练下来，手腕都练得酸疼了，手臂都练得抬不起来了。第二天上课，她一笔就把波涛汹涌的大海图景呈现在学生眼前了，令孩子们和听课的老师惊叹不已，可又有谁知道这背后付出的心血？

想到李吉林老师，我脑海里总会浮现出一幅画面，就是她和孩子们一起玩老鹰捉小鸡游戏的场景。我深深感受到，她和孩子们在一起时是那么快乐，那么幸福。

她是那么爱孩子，她又是那么懂孩子，因为她总是站在孩子的角度看世界。她说："假如孩子的老师，能用儿童的眼睛看世界，那该多好！周围的一切，会忽然变得新鲜有趣，永远像第一次看到。"

李老师一生对教育的贡献是巨大的：创立了情境教学和情境教育理论体系，留下了无数经典的教学课例和卓有成效的教育实验成果。但我觉得这些还不足以反映李老师的教育人生对我们最为可贵的影响——那就是无处无时不在的师爱！她是把整个心灵献给了孩子，所以她的教育才具有那么穿透人心的感召力，让我们每位为师者感受到作为一名教师的尊严和伟大。

李老师常常说："我最喜欢人家称呼我'老师'。"

是的，她是一位平凡的小学老师，但她又是一位伟大的小学老师。

我们深深怀念李吉林老师！

听钱梦龙老师一席谈

贾志敏

钱梦龙先生是前辈，著名语文特级教师，德艺双馨、著作等身、才华横溢、硕果累累，在中国语文界享有极高声誉。

一天，冒着霏霏细雨，我去嘉定拜访钱梦龙老先生。

叩开他家的门，钱老笑吟吟地把我引进客厅。钱老八十有余，身板挺拔硬朗，说起话来声如洪钟，走路步步坚实。客厅里绿意盎然，书卷气颇浓。

吃过午饭，我们坐在沙发上促膝谈心。他握着我的手说："贾老师，我们现在都成了年轻教师学习的楷模、追逐的榜样，真有点'高处不胜寒'啊。其实，我小时候是一个不爱读书的野孩子，我的学历可以说是很低、很低。"

"不会吧？我的学历也不高——没念过师范，更没跨进大学的门。"我回答。

钱老继续说："我才初中毕业。再说，我从小就淘气、调皮，还会逃学。念到五年级时，我已经留过三次级，人家送我一个绰号'老留同志'。"

我笑了："那你后来怎么会喜欢上语文学科的呢？"

钱老师继续侃侃而谈："要升五年级了，换了一个武姓老师教我们语文。开学首日，他把我唤到办公室，对我说，听说我留了好几次级，不知是脑瓜子笨还是不用心。如果是前者，他也没信心教我，让我回家去玩。说完，他拿出一本《四角号码字典》教我查字。这种查字方法比较复杂，学起来也比较困难，但学会了很管用。没想到的是，我居然很快学会了，武老师很高兴，拍拍我的肩膀说我不笨，很聪明，一定能学好语文的。"

我越听越有滋味。

钱老师接着说："回家以后，我用积攒的零花钱，买了一本

《四角号码字典》，一有空闲就翻翻查查，饶有兴味。"

我说："看来，是武老师培养了你的学习兴趣，引导你跨进知识王国的大门。"

"武老师得知我掌握了这种查字典的方法，对我提出了新的要求：每上新课，让我把生字抄写在黑板上……"

"上课了，老师指着黑板上我写的生字，领着大家朗读，此时，我心里暖洋洋的……"

"日子久了，我发现自己的字写得很不好看，歪歪扭扭、大大小小、高高低低的。于是，我买了字帖苦练毛笔字。我写的字虽比不上书法家，可在教师当中，还是排得上号的。"说着，他指着墙上挂着的条幅，满意地说，"这是我前些日子写的。"我站起身来端详许久，暗暗吃惊，堪比书法家的作品。

"我读完初中就去教书，教得也不错。小有成绩之后，我去感谢恩师。学校风物依旧，独独不见武老师，心中不免有些惆怅。校长告诉我，武老师已调大学教书了。"

钱老师握着我的手说："其实，教育是引导，教育是培养，教育也是一种影响。教师要有一颗善良的心，还要有一双善于发现的眼睛。教师的价值体现在'教'字上。教师的成功，在于转变我们教育的对象。"

听君一席话，胜读十年书。

跟着贾老师教作文

薛法根

模仿，是人的一种成长方式。从牙牙学语，到蹒跚走路，乃至做事做人，无不从模仿起步。我教作文，也是从模仿贾志敏老师的作文课开始的。

1990年，还在作文课堂里暗自摸索的我，上了一堂作文公开课《织女塑像》。由于不谙学生的写作心理，将观察作文与想象作文混搭，将静态描摹与叙事创作掺杂在了一起，导致教学目标含糊不清，学生无所适从，一头雾水。

"哪里跌倒就从哪里爬起来！"我咬住作文教学不放，到处寻找可以学习的名师课例。在上海师范大学吴立岗教授的推荐下，我"认识"了贾志敏老师，拷贝了三盘《贾老师教作文》的录像带。我如获至宝，每天下班回家，第一件事便是看《贾老师教作文》。《学写作文并不难》《怎样遣词造句》《在生活中捕捉作文的材料》等20节作文课，我看了一遍又一遍。课堂上，贾老师气定神闲、儒雅睿智，或表演，或示范，或点评，似有神来之笔，信手拈来。我越看心里越敞亮，越看心里越通透。透过精彩纷呈的课堂教学，我渐渐摸到了贾老师教作文的"诀窍"：

用生动有趣的例子揭示写作的秘密。在《句子的意思要表达清楚》一课中，贾老师用"下雨天留客天天留我不留"的故事揭开了"标点位置的秘密"，进而用病句"一叠厚厚的人民币"揭开了"词语位置的秘密"。在说说笑笑中，学生学到了标点使用、词序排列等写作要领。贾老师的肚子里，似乎装了数不清的新鲜例子、不计其数的经典范文，一开口，便抓住了你的耳朵，不由你不听。

用师生合作的表演再现故事的现场。《作文要有具体内容》

一课中，贾老师和学生合作表演了"小明'骗'爸爸吃橘子"的情景，把故事演绎得生动有趣。而后，贾老师用一连串的提问启发学生如何写具体、如何有详有略。就是一个小小的橘子，经贾老师的"看形状、察颜色、掂分量、闻气味、数橘瓣、品滋味"，一下子变得鲜活起来，这种写作指导的现场感，让你不会写都难。

用敏锐妥帖的点评规范学生的语言。贾老师的耳朵似乎特别灵敏，学生一念作文，他就能捕捉到遣词造句中细微的差错，不失时机地加以点拨、修正，这种功夫简直让我惊呆了。

每当发现这样的教学诀窍，我都兴奋不已。细细琢磨之后，我跃跃欲试，将贾老师的作文课移植到自己的课堂上，"依葫芦画瓢"，逐节逐节模仿。起先有点生硬，不太自然；慢慢地，我得心应手；后来，我上得越来越有滋味。贾老师那一招一式背后的作文教学思想，也不知不觉融入了自己的思想与言行中。像贾老师那样上课，本来沉闷枯燥的课堂变得活跃了，本来笨嘴拙舌的学生变得聪明了。

到了1992年春天，我才在学校礼堂里，见到了生活中真实的贾志敏老师。他上的那堂《两个苹果》的作文课，时常在我脑海里闪现。1993年10月，我按照素描作文理论设计的《奇妙的魔术》教案，获得江苏省"教海探航"征文一等奖并在泰兴市颁奖典礼上作示范教学，受到与会老师的一致好评。也就在那时，我懂得了：你所敬仰的老师，即使不天天待在我们身边，也可以时时留在我们心底。

那三盘录像带，至今仍保存在我的书房里，历久弥新。

品
人
物

贾老师的耳朵

杨文华

2016年5月上旬，贾志敏老师在河南郸城上了一堂公开课。78岁高龄的贾老师走上讲台，台下，一双双眼睛关注着老人家的一举一动。

"写作文，先要会观察。"贾老师开门见山。他接着问："在今天的上课现场，你们发现了什么？"

孩子们七嘴八舌地议论开了。一位男生大声说："我发现，给我们上课的老师今天很帅！"顿时，台下爆发出一阵会意的笑声。

贾老师微笑着，不紧不慢地说："感谢你对我的赞赏。你说我'很帅'，我当然高兴。'今天'这个词用在'我发现'之前，还说得过去。然而，你却在句子后面用上'今天'，说我'今天'很帅，难道前几天我就'不帅'了吗？你不妨将句子后面的'今天'两个字抹掉，我听了会更高兴的。再说一次！"

男孩重新说："我发现，今天给我们上课的老师很帅！"

"这样一改，我就高兴了。本来么，我一直'很帅'的。"贾老师说话一如既往地幽默。

男孩频频点头，听课的老师也情不自禁地报以掌声。大家都为贾老师敏锐的语感所折服。

没想到，男孩还没坐下，贾老师又"将"了孩子"一军"："你说我'帅'，是在赞美我，我当然不会不高兴的。但是，我快80岁的人了，还'帅'得起来吗？显然，这个词用在我这个年纪的人身上不太合适。如果说我'精神矍铄，身板硬朗'，也许会更恰当些，我听了，会更高兴的。你能不能把这句话修改一下，再说一次？"

男孩略作思考，又一次大声说："我发现，今天给我们上课

做一名有思考力的教师

的老师尽管年纪很大了，但是精神矍铄，身板很硬朗。"

听课的师生再次报以热烈掌声。这掌声不仅是送给这位发言精彩的男孩，更是在对贾老师表达由衷的敬意。

贾老师高兴地说："这就对了！'精神矍铄，身板硬朗'用在我们老年人身上比较贴切，'帅'这个词，用在你们年轻人——特别像你这样的靓男身上更合适。"台下掌声再次响起，此时，男孩的脸上露出了灿烂的笑容。

作文课的大幕还没有拉开，贾老师已经给大家上了生动的一课。

语文课究竟要给孩子什么？我以为，学习语文的根本目的，就是要让孩子能够自然、流畅地与人交流，能够准确、妥帖地表达自己的想法。然而，又有多少语文教师能够做到这一点呢？

贾老师非常注重学生用语的精准与贴切。他不放过语言的任何瑕疵——就像高明的调音师，哪怕最细微的杂音，都逃不过其敏锐的耳朵。一个孩子说老师"帅"，似乎无甚不妥。但是，贾老师却觉察到此处表达不尽准确，不能轻易放过；台下老师爆笑，说明老师们也感觉到男孩的表达不够得当，但是很少有人去深究。贾老师的高明就在于，他不仅能察觉到，而且能适时地引导孩子发现并纠正其语言的不规范之处。就在一问一答的交流之中，孩子的语言发生了根本性变化，准确、妥帖的用语从同一个孩子口中出来。这个过程，让这个孩子及至所有孩子都切实地体会到了言语得体的重要，他们都体验了一次语言历练的过程。

王尚文先生说："语文就是学习遣词造句的精确妥帖。"想达到"语文的精确妥帖"，我们每一位老师都应该像贾老师那样，拥有一双敏锐的耳朵。

感动于双金的"舍"

于永正

　　我说的双金是孙双金。第八次课程改革刚开始的时候，全国小语界百花齐放，异彩纷呈，不少名师打出了自己的旗号。南京的孙双金异军突起，提出了"情智语文"的口号。应该说，这是语文教育的一种进步，说明大家都在思考、探索语文教育。

　　双金提出了这个口号之后，在理论和实践上作了深入的探讨，并出了一本书，叫《孙双金与情智教育》。这期间，他上了不少课。最经典的课例是"送别诗一组"。他把古人写的有关送别的诗组合在一起，让学生看看古人是怎么"送别"的。有的"以目相送"——"孤帆远影碧空尽，唯见长江天际流"；有的"以酒相送"——"劝君更尽一杯酒，西出阳关无故人"；有的"以歌相送"——"李白乘舟将欲行，忽闻岸上踏歌声"；有的"以语相送"——"莫愁前路无知己，天下谁人不识君"……多有意思呀！从诗的组合到课堂教学的实施，充满智慧和情趣。双金的课堂，没有鞭辟入里的分析，没有"抒情"的解说，也没有旁征博引的"拓展"，老师只是偶尔点一点、读一读，学生只是念一念、背一背，收效却大，让听课的老师念念不忘。真的很佩服双金的"情"和"智"。

　　2012年秋天，我到南京参加一个教学研讨会，遇到了双金。他先夸我《我看小学语文教学》一文写得好，并说他读了好几遍，很受启发，然后郑重地说："于老师，我决定不再提'情智语文'，'情智'不是语文的全部。"

　　我说："早年，有人把语文课上成练习课，没滋没味，无情无趣。你曾经打了一个生动形象的比方——语文本来是少女的脸，可是我们把她教成了冰冷的寡妇的脸。还有，你曾多次说过，我们的语文教学缺少思维挑战，多数问题是伪问题、假问题。这都是切中时弊的。当时你提出'情智语文'是有针对性的。"

他淡然一笑："我现在对小学语文教育又有了新的认识。人不能作茧自缚，用自己的主张束缚自己。"

一个全国著名的特级教师，竟有如此的敢于舍弃、敢于否定自我的胆识和气魄！

我握着他的手，久久不语，心里油然而生敬佩之情。

人对真理的认识是有一个过程的。问题在于，一个人能否不断地克服认识上的不足与偏差，使认识不断地趋于相对的正确。双金做到了，因为他是一个实践者、思想者。正确的认识只能从实践中来。他不仅自己"躬行"，还考察、分析语文教育成功者的做法与思想。如韩兴娥、陈琴，前者以"海量阅读"而闻名全国，后者以"素读"而著称于世。

双金的认识有了新的飞跃。他写出了非常有分量的论文：《重构13岁以前的语文教学体系》。双金提出了"三块大石头"理论。第一块叫"国学经典"，第二块叫"诗歌经典"，第三块叫"儿童文学经典"。这"三块大石头"好有分量啊！他大声疾呼："13岁以前的语文是童年的语文、积累的语文、种子的语文、经典的语文、综合的语文；是不求甚解的语文，是逐步反刍的语文，是为一辈子奠基的语文。"

感动于双金的"舍"，更感动于双金的不断思考与实践的"得"！从他身上我看到了语文教育的希望。

像紫雨那样当老师

李振村

　　有一年，北京十一学校校长李希贵收到教育部邀请他参加文艺晚会的请柬。当得知这次晚会的首席小提琴手是一位小提琴大师时，李希贵马上决定带本校学生交响乐队的首席小提琴手参加晚会。

　　晚会结束，他领着自己的学生冲上舞台，和大师进行了短暂交谈并合影留念。因为看到教育部袁贵仁部长也在场，李希贵又找机会把自己的学生介绍给部长……

　　作为京城名校校长，李希贵经常受邀参加各种重要活动，只要条件允许，他总要带自己的学生长见识、开眼界。李希贵的做法让人十分感慨：教育做到这个份上，一切为了学生、为了学生一生发展这些被大家说滥了的理念，才算真正落到了实处。

　　本期的"月度人物"栏目，我们刊发了紫雨的《金波、孩子与我》，文章讲述了作者与著名儿童作家金波交往的经历。紫雨既非名师，亦非特级，是芸芸众师中极普通的一位。然而，就是这位草根教师，却和教育家李希贵一样做了一件非常不普通的事情：不仅与学生共读金波的作品，而且千方百计地让每个孩子通过她的手机与金波对话，鼓励每个孩子给金波写信；凭借着满腔热情和真诚，居然把金波请到了学校，让大作家和小粉丝面对面交流！

　　我不敢说，孩子们跟金波爷爷的交往和会面，对他们读书兴趣的激发、写作水平的提升会有多大作用——我认为，这并不是交往和见面的真正价值所在。其更加长远和深刻的意义在于：一个孩子，在他精神生命成长的最敏感时期，在他最崇拜名人大家的年龄段，和名作家的这种零距离接触，肯定能够成为影响一生的重要经历和财富，能够带来持久的激励和鼓舞。

记得我当年读高一时，物理课成绩极差，每次上课都如受刑般痛苦。某日，忽然从《山东教育》杂志上读到一位名师谈物理学习的文章，大受启发，心血来潮，居然提笔给这位名师写了一封信，倾诉了我学习物理的困境。半个月后，班主任很疑惑地交给我一封来自省城济南的信——当时我就读的是一所农村高中，一个穷乡僻壤的高中学生，能够收到省城名校的来信，老师的疑惑是完全可以理解的。我的心狂跳着，找个僻静之处，小心翼翼地拆开信封，一个字一个字地读来。这位老师热情地夸赞我文笔好，恳切地提出了学好物理的具体建议……

这封信让我这个 15 岁的乡村少年一夜无眠。

后来，到省城读大学，我还专门带上了这封信，去这位名师所在的学校拜访。遗憾的是，这位老师已经退休，无从联系了。虽然跟这位老师只有一封信的交情，但是带给我的激励至今仍难忘怀。

我常常想，一个老师，能够带给孩子的究竟是什么？是知识？信息时代，知识的更新速度非常快，今天学的知识，几年以后可能就会被淘汰。是能力？我们现在培养的能力，在未来的社会能发挥多大作用无从知晓。而给孩子树立人生的榜样和标杆，给孩子一种精神的激励和引领，却可以"辐射"他们的一生。

当然，我这样说，并不是要大家都一定像紫雨那样把作家请来跟孩子面对面，我的意思是：当你有了让大师成为学生的人生榜样，给孩子高品位精神激励和引领的意识之后，可以通过各种途径、各种方式来实现这样的目标。

让我们像紫雨那样当老师！

我们的"语文张"

庄雨静

在说"语文张"（编者注：张学青老师昵称）之前，我得先说说这个题目。去年某一次考试，作文题是让我们构思一个写老师的作文提纲。当时我就用了这个题目，然后"语文张"就把我表扬了一番。这次写"语文张"的作文，我估计很多人会用这个题目。不不不，这不是我自恋，而是"语文张效应"：凡是"语文张"表扬的，大家就竞相效仿；凡是"语文张"批判的，大家就引以为戒；"语文张"提过的书，过几天就会出现在某位同学手里……瞧，"语文张"影响多大！

言归正传，来说说"语文张"的年龄：我无法猜到她的年龄，说她年轻吧，她笑起来眼角的皱纹否定了这一说法；说她老吧，她又毫无违和地和我们"混"在一起，还在活动课上脱了鞋和我们一起跳牛皮筋！总之，只凭我这点小心思是猜不透她的年龄的。

张老师上课，三个字：看心情，或是说看我们的表现——我们的表现决定她的心情。她说，一个国家有没有一流的作品，要看这个国家有没有一流的读者。一个老师好的讲课状态，是需要学生热切的目光去培养的。她心情不好，分析课文会提好多让我们头痛的问题；心情好，讲补充习题都能把话题岔开去，一堂课轻松快乐。周五那节课，张老师心情蛮好，讲了她的故事：她小时候也养花，但只养些会自力更生的，因为其他的都养不活，特别是扦插的，她老会把它们拔出来看看长根了没。我们听了，都笑得不行。看大家笑，她又在黑板上写了几个字"旦视而暮抚"，然后讲起种树的那个谁的故事来了……奇怪的是，每次张老师扯开去，课后我都记不起来扯到哪里去。这次我绞尽脑汁才回忆起这些。我妈说我上课听得浑浑噩噩，我不愿承认，想：说不定是张老师怕我们说出去而施的魔法。

扯到我妈了，就不得不说一下她（瞧，我被张老师带坏了，也要扯开去了）。每次作文发下来，我妈都会说："成绩怎么可能这么高？张老师偏爱你的！"我也觉得有点。近期张老师坦白告诉我们，她喜欢爱阅读的孩子。这一来，偏爱似乎得到了印证。对了，周四放学时张老师神神秘秘地塞给我一本李娟的书。至于什么书名就不写了，要保持神秘感嘛！第二天我就引起了周边同学的羡慕，心中还是很得意的。

还有一些故事，譬如刘长淼和张老师"传纸条"，成功地说服张老师当说客，让妈妈买了一块表；譬如午间，张老师和女生们一起坐在地上聊班里的男生；譬如我们的淘气引得张老师哭泣——这么大个人了，还跟孩子一样；还有张老师那抹狡猾的笑容和那句"你们那些小心思啊，我看得一清二楚"。

"语文张"刻在我脑海中的印象还有很多——运动会上冲我喊的那句"庄雨静！快！快"，对谢诚念念叨叨的"三十八年后你请不请我吃饭"，还有，跳高比赛时无比自豪地对体育徐老师的炫耀，以及那封信和属于我俩的小秘密……我都不知道自己在写什么了，只是把张老师的一切写啊写啊，写在本子上。与开头那一段瞎扯一样，蛮有可能是不被看好的……

瞎写了这么多，也该结尾了。我不知道怎么结尾，仿佛结尾就在宣告结束。我不喜欢结束。不过总归是要结尾的，既然不可避免，那么我就把结尾写得开心一点：

致超级六六的超级"语文张"：

我爱你！

品
人
物

论教育

把自己教成了孩子

于永正

教了四十多年的书，最终，把自己教成了孩子。

我老伴也这样认为。她说："别看你离 70 岁不远了，但还是一脸孩子气。"

这话我信。在学生面前，我的面孔多数情况下是微笑，是抑制不住的孩子气。

当我和学生一起分角色朗读（我读狼说的话，学生读老山羊的话）《老山羊和狼》时；当我和学生一起表演（我扮哥哥，学生扮弟弟）课本剧时；当我和学生一起表演（我演老母鸡，学生演黄鼠狼）用"黄鼠狼给鸡拜年——没安好心"的歇后语编的故事时；当我和学生一起做游戏，一样的天真，一样的稚气时，安能言我是老者？

至今，我还是如孩子般好奇，什么新鲜的事物都能吸引住我的目光。逛西双版纳热带植物园时，有的同伴半天便出去了，而我却痴而忘返。当得知那种长得有点像芭蕉似的"大树"就是语文课本里说的"旅行家树"时，竟高兴得扑了上去，打量它，抚摸它，合影留念。以后再讲《旅行家树》这一课时，便多了一份资源，多了一份情感。

至今，我还是如孩子般贪玩，尤其喜欢和学生一起玩：

课间活动时，我会不由自主地加入孩子们踢毽子比赛的行列——虽然我一次踢毽子的最高纪录才四个，但学生并不因为我笨手笨脚而讥笑我。

星期天我会带学生去爬山，去捉昆虫，去垂钓，去采集树叶做标本……因为我坚信，热爱自然，可能就从认识一种花草开始；热爱生活，可能就从一次垂钓开始；热爱祖国，可能就从游览一座名山开始……

做一名有思考力的教师

最终把自己教成了孩子的标志是童心未泯。苏霍姆林斯基说："只有那些始终不忘记自己也曾是一个孩子的人，才能成为真正的老师。"

不忘记自己也曾是孩子，就容易理解孩子。理解是爱的别名。为什么我从来不批评没有考好的孩子？因为他们更需要老师的理解和体贴，因为我读小学时一次考试没考好，老师一句"别难过"的安慰话，至今令我难忘。

为什么我从来不批评迟到的学生？因为我认为迟到了还敢进教室是一种了不起的勇气，应当给予赞许。我读小学时迟到了一次，不敢进校，索性选择了逃学！

为什么我对上课偷看课外书的学生十分宽容？因为我上学的时候也做过这样的事！工作了，偶然看到胡适的一句话："那些上课偷看课外书的人，往往有出息。"从此，我对上课偷看课外书的人不但睁一只眼闭一只眼，而且有些另眼相看了……

因为童心未泯，所以我备课时，常常觉得自己是两个人——一个是"老师的我"，一个是"学生的我"。"老师的我"的任何一种想法，都会遭到"学生的我"的质疑；获得了"学生的我"的同意之后才能写在备课本上，才能实施。不但备课，就是上课、处理学生的问题、安排学生活动时，"学生的我"也常常站出来，给我提个醒，告诉我应该怎样做，不应该怎样做。

有人说，于永正带的班之所以优秀，靠的是个人魅力。话说大了。确切地说，靠的是我的一颗童心。

因为童心未泯，所以也常常思考童年的遗憾。童年最大的遗憾是古诗文背得太少太少。如果我小时候能打下较深厚的古诗文底子，那该多好哇！不能再让我的学生有这样的遗憾，于是我便不遗余力地教他们背诵读古诗文，为他们打好人生的底色。

一眨眼，四十多年的教学生涯过去了。

岁月的刀能在我的脸上刻上深深的、密密的皱纹，却刻不到我的心上。

教育的闲适

薛法根

　　耶和华在西奈山向摩西传十诫，其中第四诫是：星期天必须休息。他甚至下令，凡星期天工作者应予以严惩。有一个人在星期天捡柴，他便吩咐摩西，带信徒们严厉惩罚了他。这未免太夸张了，但我们不妨把它看作是一个寓言，其寓意是：劳作是神圣的，休息也是神圣的。只有劳作和忙碌，而没有休憩和闲适，小孩子会丧失灵性，成年人会磨灭悟性。而一个人小时候没有灵性，长大了又没了悟性，那他还有什么希望？学校，当给孩子教育的闲适。

　　在希腊文中，学校一词的意思就是闲暇。或许在希腊人眼里，教育就需要有时间体验和沉思，才能自由而充分地获得心智能力的发展。卢梭说："最重要的教育原则是不要爱惜时间，要浪费时间。"这在今天许多人听起来简直荒谬之极。我们向来主张"一寸光阴一寸金，寸金难买寸光阴"，焉有浪费时间的道理？但卢梭自有他的道理，他说："误用光阴比虚掷光阴损失更大，教育错了的儿童比未受教育的儿童离智慧更远。当下的教育，似乎离闲适越来越远，也离智慧越来越远。"

　　教育的闲适，是摒弃了急功近利后的一种自然之道。美国内华达州一位叫伊迪丝的 3 岁小女孩告诉妈妈，她认识了礼品盒上"OPEN"的第一个字母"O"。这位妈妈非常吃惊，问她怎么认识的。伊迪丝说："薇拉小姐教的。"这位母亲一纸诉状把薇拉小姐所在的幼儿园告上了法庭，理由是该幼儿园剥夺了伊迪丝的想象力，因为她的女儿在认识"O"之前，能把"O"说成苹果、太阳、足球、鸟蛋之类的圆形东西。现在，她只知道这是个"O"，而不会想成别的什么了。在这位母亲看来，比知识更重要的是孩子丰富的想象力和不灭的好奇心。过早地教给孩子知识，并不是一件好事。让孩子在游戏和玩耍中闲适地生长，才是教育的自然之道。

教育的闲适，是摆脱了紧张忙碌后的一种恬静。教育的身影，总是忙忙碌碌。课堂，往往大容量、快节奏、高效率，往往一个内容接着一个内容，一个问题接着一个问题……令学生应接不暇，甚至手忙脚乱；课后，往往有做不完的作业，答不完的题目……长时间的紧张忙碌，窄化了学生思想的空间，挠乱了学生学习的心态，消磨了学生求知的欲望。没有了闲适教育越来越忙碌，越来越短视，也越来越逼仄。

教育的闲适，是拒绝了平庸肤浅后的一种深刻。爱因斯坦说："负担过重必然导致肤浅。"教育的闲适，使学生有足够的时间"消化"知识，有足够的时间静思默想，有足够的时间潜心体验。不然，学生就像被风干了的狗尾巴草，失去了生命的活力，有知识而无智慧，有学问而无情趣。

闲适不是空闲，也不是闲散，而是一种心灵的自由。正如肖川先生所说："理性的顿悟，灵性的生发，需要闲适；心灵的舒展，视界的敞亮，也需要闲适；创意，往往在闲适轻松时翩然而至；情趣，也每每在闲适从容中一展风采。"

教育，需要一点闲适。

教师的嘴巴

贾志敏

教师的嘴巴，除了说话和吃饭之外，还有一个功能：激励孩子，鼓舞学生。

表扬学生要讲究方法与艺术，要有创意，要让被表扬者怦然心动、刻骨铭心。

60年前，课堂上，一个孩子终于磕磕绊绊地读完10个生字，真糟糕，还读错3个！他惶惶不安，等待教师指责。然而，教师没有批评他，却说："真了不起，10个生字居然读对7个。为他鼓掌！"教室里掌声四起。

这是那个男孩第一次得到大家认可。他终于抬起头，露出笑容……

这个男孩，就是读小学时候的我。

30年前，课堂上，一个小女生正声情并茂地朗读《十里长街送总理》。读得实在太好了！教室里鸦雀无声，闻者全都屏住呼吸，有的听课教师甚至热泪盈眶。读完，教师走到这小女生跟前，问："有纸巾吗?"小女生点点头，从衣袋里掏出纸巾。教师把脸凑到小女生跟前，说："请你帮我擦去泪水，行吗? 是被你感动的。"

此时，教室里静极了……这个流泪的教师，就是我；那位小女生，后来成了上海电视台的节目主持人。

一位老教师正在教《革命烈士诗二首》，其中一首《就义诗》系烈士夏明翰所作。全诗仅四行："砍头不要紧，只要主义真。杀了夏明翰，还有后来人。"教师动情地指导学生朗读。孩子们兴致勃勃，情绪激昂，吐字清晰，课堂气氛极佳。

孰料，一个学生将最后一句"还有后来人"误读成"还有后人来"。学生们顿时哄笑起来，严肃、炽热的气氛荡然无存。

这位老教师问："为什么笑？他念的意思没有错呀！"教室里安静下来。老教师接着说："'还有后来人'意思是'还有接班人'；'还有后人来'意思是'还有人接班。'"教室里寂静无声。半晌，老教师又恳切地说："当然，意思没变，不等于说他读对了。之所以读错，是因为他没有看清楚。如果仔细看，认真读，不可能出错的。我们请他再读一次好吗？"学生们自发地鼓起掌来。此时，那位学生红着脸，激昂地朗读起来，读得相当不错，连听课教师也拍起手来。已故教育专家陈钟梁先生曾说，教师嘴巴要"甜"。这里的"嘴巴要甜"，是专指教师要懂得赏识，要不吝啬表扬孩子，要不间断夸奖学生。

他告诫教师，不要去说孩子们不喜欢听的话，不要整日唠叨那些陈词滥调。教师语言要生动、鲜活、简明、幽默，还要与时俱进。可以"反话正说"，有时候，也需要"正话反说"。

他讲述了自己的一段经历颇发人深省。

读中学时，他的文章已经写得极好，经常见诸报端并获校方嘉奖。一次作文讲评课上，教师竟说他的作文"很不理想"。这是出乎意料的，大家都惊讶地瞪大了眼睛。须臾，教师才道出原委：原来千字作文里错用了一个标点。教师连声说："可惜！可惜！陈钟梁的作文怎么可以出现这种差错？"自此，他作文写完之后必须多次诵读，反复推敲，绝不容差错再现。多少年了，他时刻不忘这位教师，一直铭记这次批评。

"今君虽终，言犹在耳"，陈钟梁先生"教师嘴巴要甜"之说，言简意赅，生动形象，真值得我们不断玩味并终生咀嚼。

老师，请站直了教书

孙双金

看了这题目，有老师心里会纳闷：怎么，难道我们每天不是站着教书吗？我讲的不是形体上的站立，而是精神上的站立。

当今教师跪着教书的太多了，主要表现在：

唯教材。常常听到老师说的一句话是：书上是这样写的，我怎么好随便改动呢？尊重教材，尊重作者是应有的态度。但尊重不是迷信，不是盲目崇拜。如果把教材尊崇到"圣经""圣旨"的程度，那就是盲从，就是精神上的跪拜。

唯教参。教参，教参，仅供参考而已。参考书是编者站在他们的立场编写的一套供教师教学的参考用书，他们更多地是站在全局立场，考虑教学的一般情况而编写。而我们每位教师所面对的班级是带着鲜明个性的"这一个"。这独特的个性特点，需要我们的教师发挥教学的创造性，因地制宜地制定教学方略，设计教学方法，提高学生的综合语文素养。如果我们唯教参是从，哪里还谈什么教学的独特性和创造性呢？

唯考试。当今考试仍然是教学的指挥棒，尤其是盛行区域统考的地区，考试分数仍然是广大教师头上的"紧箍咒"。不重视考试，在当今体制环境下，当然是不现实的。但是唯考试、唯分数显然是走入了误区。更可悲的是教师参加区里统一阅卷，必须完全遵照标准答案，不能越雷池一步，这不是典型的唯标准答案是从的精神奴役吗？

老师们，请甩掉背上的重压，摘掉头上的"紧箍咒"，站直了身子，挺直了脊梁，放开了眼界，在精神上做一个堂堂正正的教书人吧！

要平视教材。文章被收到教材里，仅仅是一个例子而已。我开学初听了一位老师执教《莫泊桑拜师》一文。这篇文章很好，尤其对学生提高写作水平极有参考价值。福楼拜指导莫泊桑写作的几个要诀"要坚持观察，要善于观察，要抓事物的特点，才气贵在坚持"，对学生写作有永恒的指导价值。但遗憾的是编者在文后编写的练习思考题是："福楼拜是怎样的老师？莫泊桑是什么样的学生？抓住课文的关键词句谈一谈。"这一思考题把文章重点引向一般的写人文章，引导学生了解了两个人物的特点，而丢掉了这一文本最有价值的东西——提高写作水平的具体方法。叶圣陶先生早就说过，教材无非是个例子。如果我们的教师能站着平视教材、对话教材、利用教材，做教材的主人，那就真正达到站着教书的境界了。

要精神独立。我以为，我们教师思想的束缚太多了：领导指示、专家讲话、参考书籍……这么多的条条框框严重禁锢了教师的头脑，让教师不敢越雷池一步！解放思想、精神独立，这是当前教师站着教书的第一前提。一切有利于学生喜爱语文，热爱语文，提高语文综合素养的理念、策略、方法，都值得提倡，值得推广。没有什么禁区，没有什么不可以。我们的教育行政部门、我们的教学研究部门、我们的学校校长应大力鼓励教师去尝试、去创新、去实践、去探索。唯有创设了这样的环境和氛围，我们广大的语文教师才能真正地挺直了腰板教书！

站直了教书，是教师独立人格的体现；站直了教书，是教师思想自由的体现；站直了教书，是教师自我尊严的体现；站直了教书，是教师教育成熟的体现。

愿更多的教师能站直了教书！

蜜蜂为什么追小熊

何 捷

有一个小女孩画了一幅画题目为《蜜蜂追小熊》。

小女孩让爸爸、妈妈、爷爷、奶奶猜猜这些小蜜蜂为什么要追小熊。一家人猜的都是什么小熊偷吃了蜂蜜、小熊踩坏了花丛、小熊欺负了蜜蜂、小熊打坏了蜂箱……小女孩噘着嘴说："你们都错啦！你们别把小熊想得这么坏好不好？那是因为小熊的裙子像花丛！"

读了这个故事后，真期待成年人思考"蜜蜂追逐小熊"的原因时，能如孩子一般善良。

在教育现实中，我们对"小熊"的误解经常发生，远的不说，就在前几天的听写课上，我安排同桌互相批改对方听写的词语，我巡视时发现，一个孩子几乎在交换听写卷的同时，就在对方的试卷上画上一个大勾。我很生气，当众批评了她的不负责任，我还习惯性地用上了联想法，洋洋洒洒地来了次即兴演说，由此及彼地分析了全班"屡听屡错"的根源，要求她写出书面检讨，以此来"杀一儆百"。

课后，一份"检讨书"如期地交给我。实际上，这应该算是一份"说明书"。她在文中告诉我她这么做的真实原因：她习惯于先为对方画上勾，然后再仔细为对方寻找差错。她认为这么做能够给对方以鼓励，让同桌有一种成就感。啊，孩子善良的心居然被我误解。我不由得对她的勇气产生一种敬佩。如果她委曲求全地上交一份令老师满意的"检讨"的话，我会长时间沉浸在对良好"教育效果"的沾沾自喜上。

看来"小熊"不坏，坏的是人们看待"小熊"的惯性思维。在教育教学中，此类的"惯性思维"实在是极为常见。一旦有事发生，教师习惯凭自己的经验去处理。平日里的好孩子，即便是有过错，我们也习惯地认为是情有可原，事出有因；那些"坏孩子"，我们会认定他是旧"疾"复发，屡教不改。在公物受损时，我们会斩钉截铁地对一个好动的孩子说，一定就是你做的，除了你还有谁会做这样的事！在集会的队列中发现孩子们私下聊天，我们会对其中一个平时爱说话的孩子说，你又找别人讲话了！在处理同伴间的争斗时，我们会对一个顽皮的孩子说，肯定是你又惹事了……在询问前，我们心中已经有了答案，接下来的对话只是为了验证答案而已。

不禁想起了司法界的"无罪推定"，这无疑是一种极为人道的司法程序，不知避免了多少冤假错案。

但在随时随地发生的教育案例中，在仅凭教师个人作出判断的教育模式中，我们更应该头脑清醒，少一些"惯性思维"，多一点理解和宽容，因为你的决定有可能影响一个生命的成长状态。

我们还必须不断修炼自己多角度考虑问题的能力，这种能力来自我们对儿童生命的尊重和仁爱，来自持之以恒的对教育现状的观察和思考，来自推翻"惯性思维"和固有成见、拨云见日的勇气。

爱汉字就是爱国家

刘发建

2012 年 7 月 18 日上午 9 点，81 岁高龄的著名诗人流沙河先生准时来到成都师范附属小学报告厅。所有人起立，鼓掌欢迎。

老人身材清瘦，面容慈祥。一张嘴，满口乡音味十足的四川普通话。

今天，流沙河老人要给我们上汉字课。老人先是简要阐述了汉字的起源及发展史，之后话锋一转，说："都说汉字难认难写，其实汉字好认得很。"

老人讲述他小时候认识汉字的趣事。一次，流沙河的妈妈和婶婶们在家里打麻将，一岁多的他还偎在妈妈的怀里吃奶。对面的婶婶大概是需要一个"红中"和牌，就问流沙河：细娃子，你妈妈有没得"红中"？

说到这里的时候，流沙河老人手一伸，再一缩，似抓了个麻将牌，头一歪，大声说："中——中！"一边咧着嘴笑笑呵呵，活像个孩子。听众哈哈大笑。

"中"是什么意思呢？老人一语发问，全场立马安静下来。

"中"中间的"口"原来是一个圆圈，表示军营的意思；中间的一竖，就是一面旗子。军营中的旗子就要竖在中央，就是部队的指挥所、司令部。

真是茅塞顿开。许慎《说文解字》对"中"的描述是"中，内也。从口。｜，上下通"，可谓含糊不清。还是老人高明！

我内心突然涌起一种渴望，非常想与老人能有更多更深层的交流与探讨。7 月 23 日下午两点半，我如约来到流沙河的家。家里很安静，只有老人在家。

我说我叫刘发建。老人想了想，说："你看你这个'发'

字。"一边拿出笔写了一个繁体的"發","右边是音符，念'爬'"。一边说，一边用两只细瘦的手演示往上爬的动作。"你再看下面的左边是'弓'，右边是一只手拿着一支箭，这就是箭在弦上不得不发。我们现在还经常说'发射'就是'發'的本义。"

老人的解读让我很兴奋，我谈到自己现在每接手一个新班级，第一节语文课就会请孩子们上黑板板书自己名字，我再帮孩子一个一个解读他们名字里的信息，让孩子从小懂得名字的意义。等到孩子们毕业的时候，我就会为每个孩子设计一个签名，作为毕业时送给孩子们的礼物。

我随后拿出自己的一篇文稿《寻找汉字之母》，希望听听老人的意见。

我说，现在很多老师不懂汉字的道理，处理学生错别字的方法，就是单纯一遍遍抄写，这增加了负担。小学生遇到那些容易写错读错的字，老师要想办法从字理的角度帮助学生明白其中的道理。这样既减轻了负担，提高了效率，又激发了学生对汉字的喜爱。

如果我们能够建立汉字字理系统，我们的识字教学就会有序进行，提高教学的质量。

老人眼睛望着窗户的方向，似乎在思索，半晌后，微微点头，说道：小刘老师，你很用心呀，你说得很有道理呀！

告别老人的时候，老人说，汉字是我们土地上长出来的文字，是深入我们华夏子孙骨髓的文字。爱汉字，就是爱我们的土地，爱我们的人民，爱我们的国家。

回去的路上，我心里一直默念着老人的话，对汉字又添了一份别样的情愫。

论

教

育

让汉字教育成为盛大的文化节日

成尚荣

　　"中国汉字听写大会"，原本是档十分普通的节目，但其收视率竟逼近同期播出的"中国好声音"，引起了数百家媒体的高度重视、数千万网民的热议。"汉字听写"已演绎为"汉字书写"，成为夏天最热的词汇之一。这似乎是十分偶然的，却又是必然的，因为它直击当下社会中存在的问题，彰显的是特有的文化意义，形成的是广泛的文化认同，引发了深刻的文化思考。

　　汉字是中华民族文化的载体，汉字本身就是一种文化存在，汉字听写、汉字书写的实质是中华民族文化传承与发展的一种形式。这一形式联结的是一个民族，是一个民族的历史，以及民族的现在与未来。梁衡说得好，汉字、汉语好比是母亲微笑的脸庞、温暖的胸怀、甜美的乳汁，爱汉字，就是爱民族、爱祖国。汉字，无论是其本身，还是其承载的文化，凝聚的是中华民族几千年积淀的智慧。诗人余光中在《听听那冷雨》中说："杏花。春雨。江南。六个方块字，或许那片土地就在那里面。而无论赤县也好，神州也好，中国也好，变来变去，只要仓颉的灵感不灭，魅力的中文不老，那形象磁石般的向心力当必然长在。"汉字发出的声音当然是最美的"中国好声音"。

　　关注和研讨"中国汉字听写大会"，引起语文教学诸多联想也是必然的。语文教师的敏感性，也许就是从语言的敏感而起。何况，汉字听写与语文教育具有高度的内在一致性。担任本届听写大会学术讲解人的蒙曼教授说："汉字听写大赛在提升全社会对汉字的重视程度的同时，让汉字教育重回家庭、重回课堂，成就一代代不仅敲击键盘，也会挥毫泼墨，不仅有科学精神，也有人文理念的中国君子，真正做到书写的文明传递，民族的未雨绸缪。"所谓"重回课堂"的"重回"，实质是文化审视下的课堂文化重构。

我们应该审视什么？又应该重构什么？首先审视的是语文教学中所面临的两难境遇。由于信息化时代的特点，我们认的字以后可能会多一些，但会写的字却越来越少。这种情况目前已有了苗头，比如提笔忘字的现象正在逐步普遍化，尽管汉字书写能力下降还谈不上危机，但的确是一个值得警惕的问题。我们不仅不能阻遏，而且要迎接新的书写工具、学习工具的到来，对汉字书写能力的坚守任何时候都不能有一丝的轻慢，汉字教学永远是语文教学的重要任务之一。

我们需要重构汉字教学文化。笔者以为，汉字教学文化重构，其中重要的是从汉字教学走向汉字教育。如果深究，汉字教学侧重于技术价值的追求，而汉字教育则主张理念价值和文化追求的认同。准确地说，汉字教育是形而下与形而上的结合与统一。汉字教育的内核是培育与壮大汉字中孕育着的良好、健康的文化基因，让学生从中汲取强大的文化力量和无限生长的文化智慧。蒙曼教授所说的"一个个汉字，就是一个个微缩的中国人"正是这一内核的诗意表达。稍作展开，汉字教育是更重汉字亲和力的教育，让学生喜爱汉字，亲近母语。汉字教育是更重汉字敬畏感的教育，克服使用汉字的随意性，抵制对汉字的调侃、戏谑和对汉字规则的解构，进而抵制浅阅读和快餐文化。汉字教育更重汉字文化的开发与体验，让学生有强烈而真诚的文化诉求，在汉字学习中进行文化修炼，提升文化素养。

我想，汉字教学下的文化重构，一定会让我们的汉语教育成为盛大的文化节日，而不只是一档节目。

不妨做个"教书匠"

薛法根

对时尚的教育口号，我常常保持一种本能的警惕，比如"不做教书匠，要当教育家"这句耳熟能详的励志语。"教书匠"是对"教师"的贬称，或者说谑称。"匠"者，本义是"木工也"。自古以来，百工皆称"工"、称"匠"。有手艺的匠人，往往凭借一身的技艺，受人尊敬，让人羡慕，从"能工巧匠、独具匠心"这些词汇中可见一斑。"教书"何以成了"匠"？笔者无从考证。但我知道，没有一点"匠"的技艺、"匠"的心思，却是难以做一个好教师的。

匠者，总有一手"绝活"。无论是木匠、铁匠还是其他什么匠，别人做不成的活儿，在他们手中却是易如反掌，这就是不可替代的"专业性"。教师的专业性，也需要有科学的教学方法和教学技术作为支撑。

有人说："教学方法是雕虫小技，教学观念好比是空气，看不见，摸不着，但无处不在。"此言道出了教学思想的指导意义，但轻视了教学方法的实践价值。有思想而无方法，如同有理想而无帆船一样，只能望洋兴叹。同样是背诵经典诗文，私塾先生只知道"书读百遍，其义自见"，免不了死记硬背；而深谙认知心理学的现代教师，则可以根据每个学生的记忆优势，为他们选择不同的背诵方法：视觉优势的学生可以通过多次阅读来记诵，听觉优势的学生可以通过反复朗读来记诵，动作优势的学生可以通过抄写来记忆……如果是对文本内容和言语形式有独到研究的教师，还可以运用图式理论，帮助学生建构言语结构地图，通过把握句段之间的内在关联，既准确地理解语义，又快速地记忆语段。这样的教学方法，一般人想不到，更做不到，这就具有了专业性。

可惜的是，很多教师缺少这样基于科学规律的教学方法和技术，常常有"眼高手低"的困窘。"手低"是能力所限，而"低能"是方法与技术所限。离开了方法和技术的运用，能力无从着落。由此看来，教学方法绝不是雕虫小技，科学的教学方法和教学技术运用得当，且熟能生巧，达到了一种化境，就成为了教学艺术，也就成了教师的"绝活"。而这，不正是匠者的成功秘诀吗？

匠者，总有一颗"匠心"。一段普通的木头，在木匠的手里会变成一把精美的椅子；一块普通的石头，在石匠的手里会雕刻成一件举世无双的艺术品。为何在一般人看来很普通的东西，在匠人的手中会变得异乎寻常？因为在匠人的眼里，这段木头、这块石头，已经幻化出他们心目中的那件艺术品了，这就是他们的"匠心"所在，即看到别人看不到的东西。作为教师，我们能从一般的教育现象中看到别人看不到的东西吗？一个不想做作业的学生，家长无可奈何，而你却能作一番研究：是不会做？是作业太多？是怕做错被批评？是讨厌老师？……当你最终破解了这个教育之谜，让学生回到学习正道上的时候，你也发现了教育的秘密。我们常常说"没有爱就没有教育"，现实告诉我们"只有爱也没有教育"，而匠者启发我们"你要看得到每个孩子未来可能的那个样子"，于是，我们就有了"爱的智慧"，也就有了匠者那样的"匠心"。

其实，我们从匠者身上，还可以获得更多的教育启示，赋予"教书匠"这个带有贬义的称谓新的理解。当下的"教学新秀、教学能手"，不也带有"匠"的痕迹吗？做个"教书匠"又有何妨？重要的是我们可以通过不断地阅读思考以及"独具匠心"的教学实践，少些"匠气"，多些"书卷气"。这样的"教书匠"，不也是很可爱的吗？

一位电梯维修工的心声

贾志敏

　　电梯坏了，大楼里住着的百来号人顿时乱了方寸。老人、小孩儿叫苦不迭，主妇、上班族怨声载道。终于，唤来了维修工人。师徒俩忙活了半天，故障才得以排除，电梯如常运行。人们再次得到"上上下下的享受"，住户们喜笑颜开，连声称好。

　　那位年岁大的师傅在我门前小坐。我为他沏了杯普洱茶，他边抽烟边和我神聊。他知道我是教语文的，似乎碰到知己，话匣子随即打开……

　　"我原本在安徽芜湖一所省重点上学。高考仅差一分，没被录取，就到上海来谋生，学了一门修理电梯的手艺，做了十几年的'新上海人'。"他点燃了烟，说，"我成绩不差，特别是文科。语文考分总是班里第一，老师还把我作文当作范文读给大家听。"说到这儿，他有点沾沾自喜。

　　"四年前，儿子也来上海了。好不容易进了一所重点小学读书。"

　　"那你安心了。"我插了一句。

　　"安心？烦人的事多着呢！不说别的，就说语文吧！"他吸了口烟，说，"孩子读四年级了，写的字歪歪扭扭，读起书来磕磕绊绊。三百来字的作文，表达不清楚不说，还错别字连篇。不知道老师是怎么教的。"说到这儿，他有点无奈。

　　我为教师不平："你讲得失之偏颇。老师也是在认认真真地教，他们很辛苦。"

　　"老师辛苦？我不否认。干哪一行的不辛苦？关键是要教会学生，教好学生。就像我们修电梯的，忙活了半天，电梯还是卡在那儿，不能上上下下地跑，你们满意吗？电梯经常发生故障，让你们不时找我来修理，你们高兴吗？"

我微微点头，认同他说的。

"语文课，老师就是要教会孩子读书、写字、说话和写话，这是命根。整天做题目，整天不读书，能学好语文？"他接着说，"一天，儿子订正作业。他填的是'（漆黑）的天空'，'（光秃秃）的草地'。老师都算错。我想这可以呀！孩子说，应该填'（蔚蓝）的天空'，'（绿油油）的草地'。因为书上是这么写的。天哪！还有标准答案？"他谈兴正浓，接着说："还有更离奇的题目，至今我还想不出来，向您老人家请教——'（　　）的阴凉'？"他期待我给出答案。我思忖良久，摇摇头，也不会。

他喝了一口茶，继续说："我真想去看看老师是怎么教的。'家长开放日'，我终于走进课堂听了一节课。老师像演戏一般地说话，极不自然。课堂里热闹得很，学生又是看幻灯，又是做游戏，却很少读书、写字。孩子们抢着发言，我的小孩一言不发，也不举手。回家后问他，他说就算举手，老师也不会叫他。因为谁回答什么，事先都说好的。"他有点激动了，"这不是在坑孩子吗？"我无语，却在思索。

他接着说："更不可思议的是，老师批改作文极其草率。打个钩，写个'阅'，注上日期，批个成绩，完事！如此教，孩子会作文？这样教书我也会！"

他掐灭了烟蒂，背起工具袋起身告辞。在等候电梯的当儿，他说："老先生！其实，维修电梯和教育孩子同一个理儿。电梯需要维修，孩子在于培育。是吧？"此时，电梯门洞开，他跨了进去。电梯里，他对我摆摆手："我是粗人，说得不对，别见笑。"顿了顿，又说，"您的普洱茶好喝，醇香！"

"电梯需要维修，孩子在于培育！"这是一位电梯维修工的心声。

论

教

育

做一棵会摇动的树

边存金

　　小张老师带的班级在全年级的成绩稳居"倒数第一"的位置，这让她一直很苦恼。这次，学校里学生学习水平测试成绩出来后，她遇到了校长。校长冲她伸出大拇指，小张不解地问："又是倒数第一？"校长说："不，是正数第一。""真的是正数第一吗？真的会这样神奇吗？"其实，小张知道，这次她的学生之所以有了这么大的变化，只是源于她一个学期来自己小小的改变。

　　以前，小张的班级里也开展阅读活动，但是，小张老师也只是把阅读的任务安排给学生，让学生自由阅读就算完事了。这个学期以来，小张老师不仅进行了阅读任务的安排，还跟学生同步阅读、同步指导、同步练笔。渐渐地，班级里形成了真正的阅读氛围。现在，她的班级不光成绩好，连班级管理也特别省心。

　　教师一个小小的教育行为的改变，就能在学生那里带来那么大的变化，这确实值得我们认真思考。有人喜欢说，教育是一棵树摇动另外一棵树。可是，当他们这样说的时候，是不是应当好好地想一下：在实施教育行为时，教师是不是真的自己先做了"会摇动的树"？当提出一个教育问题的时候，能不能真正从学生的角度来思考？当提出一项任务的时候，是不是从学生的能力和接受水平来考虑的？这些都是需要认真考虑，认真实施的。不论是蹲着教书，还是站着教书，不论你的身体姿势是什么样子的，你都得"教书"，都得做着"摇动"的姿势，这样才可以在学生面前一呼百应。

　　当一位教师做到了自己会摇动的状态，他才可以慢慢地找到教育的快乐，他的眼里才会有学生，他的世界里才有笑声，他的口头上才有学生的故事。所以，在一些地方，我们经常检查的不应当只是那些老套的备课、上课、学习笔记、档案等，我们还可以听一听那里的教师有没有因为自己的改变带来神奇变化的故事，有没有学生自己成长的让人欣喜的故事，这才是最活生生的重要的东西。这也应当是判断一所学校、一位教师好坏的重要的标准。

我熟悉的山东省临沂市白沙埠镇诸葛城小学小诸葛班的小蚊子老师，她对班里的事就很熟悉，有大量校园和学生生活故事。比如说，这个班的孩子可以直呼她叫"蚊子"老师，这个"蚊子"老师要求孩子上学后要继续调皮，入学要走红地毯；教学要用古怪的"假睡教学法"；侦查校长要用自制的"消息树"，每次都会让喜欢说"必须的，必须的"的校长无可奈何……小蚊子老师每天都和身边这一群淘气包、调皮鬼发生着好玩的故事。因为这是一位有趣的老师，所以这里也有一群比其他班级更加有趣的孩子，自然也会发生有趣好玩的故事。

现在，给学生上课的老师很多，但是真正和学生有生活故事积累的却不太多。这更让我深刻地体会到，最大限度地做到多和学生们在一起，多和他们一起上课、一起活动、一起玩耍，成为他们团队中的一员，积累跟学生一起成长的真实体验，对于我们来说是多么重要！

我们的教师喜欢到处寻找属于自己理想的那一棵树。可是，他们在到处找寻的时候，却忘掉了自己也应当是一棵会快乐摇动的树。教师真的摇动起来了，思想才是活的；教师真的摇动起来了，才是一棵积极向上、不断发出生命亮色的树。没有哪一棵枯萎的树还会自己摇动，也没有哪一个学生会喜欢一个不会摇动的教师。

论
教
育

点亮童年

闫　学

　　阅读课上，我带小朋友们去学校绘本馆。大量最新购置的绘本还没来得及整理上架，在宽大的书桌上堆积如山，这壮观的一幕让孩子们惊喜万分。我们迅速埋首其中，贪婪地读起来。他们读他们的，我读我的。间或有小朋友走过来，拿着他们喜欢的书，问我一些问题。我总是提示几句，不作过多的讲解。我深知，过多的讲解对提高孩子的阅读能力没什么好处；而且就阅读绘本而言，我的见解并不见得比孩子们更加高明。其实，老师专注的阅读态度本身就是一种教育。

　　我想总要有这么一节语文课，能让孩子们徜徉书海、埋首书山。我相信，当一个人的童年有书相伴，他的人生就拥有了丰富而明亮的底色。

　　曾经，书籍也点亮过我的童年。

　　记得上小学时，刚识了几个字，就不再满足于课文中那些故事，常常是新书刚发下来，我只用大半天就从头翻到尾了。于是就开始寻找其他可读的东西。我翻箱倒柜，看到哥哥姐姐用过的课本堆在家里，就囫囵吞枣地读了一遍。渐渐地，家里再也找不到能读的东西，就自然而然想到了买书。

　　那时候，我对别的书尚没有多大兴趣，最爱的是那些图文并茂的小人书。一本小人书只要一毛钱，超过两毛的是极少数。我不断地跑到镇上唯一的一家书店买小人书，一来二去，那书店里唯一的售货员也认识了我。家里的小人书渐渐增多，一系列《聊斋志异》小人书和几十本《三国演义》小人书都被我买了回来，还有不少以古希腊神话和中国民间传说为素材的小人书。最辉煌的时候我的小人书达到了近三百本，算来是一笔不小的财富。在那个一斤猪肉只要六角钱的年代，真难为了一向勤俭的母亲，竟对我如此纵容。于是，在同龄的孩子之中，我成了一个必须巴结的对象——哪个孩子不想从我这里借几本小人书看看呢？谁又能拒绝《田螺姑娘》和《牛郎织女》？谁不喜欢《大闹天宫》和《小兵张嘎》？

最难忘的是买《西厢记》。那本书比一般的小人书都要大，方方正正，纸张厚实而挺括，内中图画线条流畅，极为精美，现在想来当属工笔细描，只是当时不曾留意出自哪位画家的手笔。翻到背面一看价钱，着实吓了一跳，标价竟是一元五角。我上上下下翻遍口袋，数了半天，只有一元四角九分钱，还差一分钱。我懊丧地站在柜台前面，眼巴巴地看着《西厢记》，就是挪不开步。不知过了多久，那个中年男售货员开了口——他竟然答应少一分钱卖给我！

我高高兴兴地拿着《西厢记》跑回了家，很快读完故事，却不舍得借给别的小伙伴——我迷上了书中那些精美的古代美女图。在我眼里，崔莺莺那长长的袖子、层叠的裙子，红娘活泼俏丽的脸蛋，怎么也看不够。

今天，我的那几百本小人书早已散失殆尽，也再看不到书店里卖这样的小人书了。但那些买书、读书的记忆始终不曾湮灭，就像一束柔和温暖的光，它在我的生命中无限延伸，照亮了我的过去、现在和将来。所以，现在我想要做、正在做的，无非就是尽我所能，让各种美丽、丰富的书进入孩子们的生活，就像它们曾经点亮过我的童年一样。

劝老师，"笨"字休出口

于永正

春节，一位学生带着他六岁多的儿子给我拜年。小男孩刚上一年级，问及表现，我的学生感慨道："小家伙刚上学就厌学了。"还没等我问原因，他接着说："老师嫌他笨。一天，老师教他读一篇课文，有一句话老是读错，老师急了，说他'真笨！'还有一次，'开火车'读生字卡，开到我儿子时，小家伙一时紧张读错了，老师又说他是'狗脑子'，不但老师说我儿子笨，连同桌的小朋友在课间也说他笨，骂他'笨蛋'。每天早晨都要做儿子的思想工作，他才勉强去上学。"停了一会儿，学生又说："于老师，您还记得吗，有一次您叫我读课文，有一句话我连读了三遍都没读对，我急了，您却不急，笑着说：'不急，看清楚，再来一遍。万一第四遍读错了，还有第五遍呢。'于老师，至今回忆起这细节，我都感动。还有一次，我背课文卡了壳，您说：'你会的，再想一想。'"说完，他长长地叹了一口气。

一个"笨"字，竟让孩子产生了厌学的情绪，这大概是我们当老师的没有想到的。我想起了京剧《甘露寺》乔玄的一段名唱"劝千岁，杀字休出口"。在脑海里又闪现出这样一句话："劝老师，'笨'字休出口。"这句话久久挥之不去，于是把它写下来，成了本文的题目。

乔玄当时是站在战略高度劝孙权不要杀刘备的。他说："你杀刘备不要紧，他弟兄闻之怎肯罢休？若是兴兵来争斗，曹操坐把渔利收。"最终"龙凤呈祥"，形成了孙刘联手共拒曹操的战略格局。我们当老师的也应站在育人的高度，谨言慎行，不要让"笨"字一类的字眼从我们的嘴里随便溜达出来。

我经常说，我们当老师的往往一句不经意的话就能成就一个人，也可能毁掉一个人。老师的身份很特殊，学生对我们有一种天生的敬畏感，有一种别样的期待和信任。对学生来说，老师的话真可谓"一言九鼎"。因此，学生特别在意并在乎老师对他的态度。

老师习以为常的一个"笨"字，让刚上一年级的小朋友就产生了厌学情绪，未来对他来说，是多么漫长而灰暗呀。厌学的背后又是什么？是他对学习兴趣的丧失，对自信的丧失。

学生中有没有笨的？有。有没有虽然聪明但是不好好学的？有。教育的科学性、艺术性恰恰或者说往往从这些学生身上体现出来。教育需要严格，有时也需要严厉批评，但要尊重学生，尊重是教育的第一原则，教育的底线是不能伤害学生的自尊心。

对于所谓笨学生，要等待，要启发，要耐心。老师不能以"都是为了学生好"这个所谓的主观愿望来掩盖自己的不当甚至错误的言行。对所谓笨学生，不但要尊重他的人格，还要尊重差异，因材施教。把五个手指伸出来会有长短，学生也是千差万别的。"三百六十行，行行出状元"，这句话就是正确的人才观。树立了正确的学生观、人才观，就能理解学生，就会少说错话，少做错事。老师的责任，是千方百计地让学生愿学，尽可能多地调动他们的积极性，至于学到什么程度并不重要。不能以分数评判学生的优劣。

正确的学生观、人才观的树立有个过程，人提升认识、修养水平也有个过程。年轻老师说话不当，做事欠考虑也是正常的。时间会让每个老师逐渐成熟起来。不断学习，勇于实践，善于思考会让每个老师较快地成熟起来。

我还给你们一个怎样的孩子

蒋军晶

作家张晓风写过《我交给你们一个孩子》，这是一篇让人潸然泪下的文章，尽管里面并没有煽情的片段。

后来，很多家长移用这个标题追问教育：明天，你该还给我一个怎样的孩子？因为，孩子的未来是我们期盼和活着的底气。

是的，我们可以还给家长一个怎样的孩子？反省并不是迎合家长，谄媚世俗。反省是让我们在非教育因素干扰越来越大、越来越多的今天，确认一个老师应该有的信念。

首先，我希望孩子们是爱生活的，是向往精神生活的。

我们的教育已经慢慢异化为一种密集的知识的传递，异化为简单的听、讲、练，很多教师过度追求效率，分数成了王牌通行证。

孩子们到了学校只见生硬的"教"，没有柔软的"育"；只有枯燥快速的"习"，没有生动缓慢的"学"。孩子们毕业以后，检索一下，似乎没有过共同的期盼，没有过同甘共苦，没有过众志成城，没有过独有的可以回味的体验，总之没有了刻骨铭心的回忆，没有了精神生活。

我带孩子去见美国最佳教师雷夫；我邀请哈佛教师《我是一支铅笔》的作者史沃普给孩子上课；我带孩子去"纯真年代"书吧；我让孩子创编《兰德里校园报》；我在班里开设班级影院……都是在努力创造这样一种精神生活。教师这份工作你可以把它做得一板一眼，一成不变几十年，挨过去，学生也跟你一起挨过去；也可以把它做得风生水起，创意无限，你愉悦着，学生也跟你一起愉悦。

是的，科学技术推动着人类社会的发展，但是我们不要忽略了，诗歌、体育、浪漫、对生活的热爱才使人感受到存在的意义。相信，教室里的精神生活，是最宝贵的，这种精神生活将陪伴孩子一生。

其次，我希望孩子们是会思考的，会发现的。

苏联的克鲁普斯卡娅在20世纪初就提醒：在学校里不能只发现记忆力，因为一个记忆力不好的儿童往往可能是很有能力、很有才华的人。而几十年过去了，我们的教育，特别是"语文教学"还热衷于强调记忆力。我们的语文课里，缺少思考，缺少探索，缺少发现。我希望孩子成为一个应试高手，因为考试让他进入这个社会的上升通道，让他对工作、婚恋有了更多的选择。但是，除了考试，我更希望孩子们学会思考，学会发现。因为这个社会是一个多元共生、众声喧哗的社会，不会思考，会变得很盲目，很无助。

我们的很多教育不是在培养孩子的思考、发现能力。

有些课，班额小了，技术现代了，也有形式上的讨论了，但教室里依然明显有权威的存在。权威跟引导是不一样的，权威是控制，是"只能听我的"，在永远"只能听我的"的环境里，孩子是不会思考的。

要让孩子学会思考、学会探索，关键是我们老师也要学会思考，学会探索。我们会吗？阅读就是思考。我们有阅读的兴趣吗？我们经常阅读吗？思考引导实践。我们自己能排除干扰，坚持自己的主见吗？

因为这样反思，所以常常汗流浃背，觉得自己离教育理想太遥远了，告诫自己要不断努力。

"我"还给你们一个怎样的孩子？没有具体的所指，而是一种隐喻式的思考。

没有美： 语文空无一物

王崧舟

近读《读字》，见作者对"大"字如是品读：

正面站立的人形，本义可能是指成年人。古时小孩为"子"，侧立为"人"，"大"字则是手脚伸展、顶天立地、能担当的大人。

显然，"大"字取象于人，但其义却在表示抽象概念的大小。古人为什么要用正面站立的人表示"大"呢？对此，作者先引用《盘古开天》这个神话故事，然后意味深长地写道：

天地相距九万里，而盘古日长一丈，高达四万多里，这种顶天立地、开天辟地的形象，够不够得上一个"大"字？

真没想到，简简单单一个"大"字，蕴含了如此之美的形象和哲理。

由此，我想到了"大"字的教学。学"大"，字义没的说，读音也早已耳熟能详，至于形，一横一撇一捺，不难。当然，为了扎实起见，组个词是必须的，"大小""大米""大爷"什么的。还有，照着田字格认认真真练写三五遍也是大有裨益的。为了更扎实些，你也大可使用诸如"一横平正写中间，撇长捺扬分两边"的口诀。

按说，这样的教学似已滴水不漏，但我总觉得，缺了点什么。

东坡有诗道："论画以形似，见与儿童邻。赋诗必此诗，定知非诗人。"他的意思再明白不过，只论形似，定非好画；拘于字面，绝非好诗。

我所常见的"大"的教学，形似已足，字面也在，所缺者，神也。而那《读字》中的"大"，荒荒油云，寥寥长风；天地与立，神化攸同。真是无与伦比的美，让人感动。

这种美，透着一股精气神，传递着祖先造字时的生命体验，透露着音形义一体的汉字符号背后的智慧与情怀，它正是语文之神！

近年来，随着对《义务教育语文课程标准》的深入研习，"学习语用，指向本体"愈来愈成为我们的共识。但同时，"为了语用而语用"的焦虑也一直困扰着一线教学。语文天然所具的审美特质和过度强调"语用"实用价值的追求似已形成了一对水火不容的矛盾。两者博弈，两败俱伤。汉字之美、文学之美、精神之美乃至语文教学艺术之美几乎都因怕被冠以"非语文"的帽子，而被老师们悄然放弃了。

事实上，"语言文字运用"不过是一种事实描述，而语文绝非一门描述事实的课程，语文从本质上说是一种价值选择。因此，我们必须追问：运用语言文字，何以为之？运用语言文字，意欲何为？

我以为，第一问是语文学习的起点，第二问是语文学习的终点。

就起点而言，孩子们真正要学习的内容是"以何种方式运用语言文字"。答案是，"按照美的规律运用语言文字"，而这，正是语文学习的全部秘妙。

就终点而言，我们必须追问"运用语言文字做什么"，这才是语文课程的终极关怀。如果，运用语言文字只是为了掌握字、词、句、段、篇，却不能丰盈一个人内在的言语生命；如果，运用语言文字只是为了提高听、说、读、写、书，而不是更真诚、更自由地去表达和创造自己的思想之美、体验之美、心灵之美，那么，运用语言文字对孩子而言又有何用？

汉字本就是"有意味的形式"，更遑论文学与教育的艺术。美是语文的本体，它从不外在于语文；美也是语文的终极旨归，它在意义的最深处给语文以自由、澄明与轻盈。没有美，语文必将空无一物。

论

教

育

童心快递

边存金

　　浙江杭州的姜晓燕是一位有童心的老师，孩子们喜欢称呼她为小燕子老师。她给我的快递常常是突如其来，又稀奇古怪。我收到过她快递过来的变黄了的桑叶，可是她说那是早晨5点多采摘的还带着露水的桑叶。我收到她快递过来的一些红薯，我笑着告诉她：我这里遍地是红薯，我就是吃红薯长大的。可是，当我打开包裹时还是惊讶了：那些展现在我眼前的小小红薯，全让她化装成了一个个的童话人物。我把小燕子老师的快递称为童心快递，她的每一次快递都让我意想不到，每次打开包装都像是在欣赏她的一项别出心裁的手工作品。她把她的快乐、她的创意、她的童心一起快递过来了。

　　童心需要传递，也需要感受。一次接待一位作家，她让我看她的钱包里放着的一张卡通画。她告诉我，这是一位三岁的小读者给她画的像。她对这张画爱不释手，从此随身带着走遍了世界各地。

　　有一颗童心，就会随时让我们的生活闪耀着童趣的光芒。曾看到台湾车站的候站牌，造型是一只可爱的大大的草兔子。它在陪着你等车，让你怀着轻快的心情来等待拉着你快乐奔跑的班车。还有，不知是哪一次刮风，把一红一绿的两个信筒给吹歪了，富有童心的人们发现了美好的所在：被吹歪了的两个信筒就像两个可爱的娃娃，正侧身向着你微笑。人们干脆给这两个信筒起了两个童话名字：小红和小绿。现在，所有的游人来到这里，都会抢着拍照。原来一件事物能有童趣，都是有童心的人赋予它的。而今，在世界各地，像这样带有童心的创意越来越多。小到一个小小的信筒，一个无名的童话村落，一个童话小镇，大到举世瞩目的奥运会开幕式，都离不开童心和童趣之光。

我们从事小学语文教育工作的，最好要有一颗童心，因为你的学生、你的课堂、你的绘本故事、你的童话剧、你的生活都不能少了童心。在富有童心的教室里接受这样的浸润，那才是真正美好的教育。在山东临沂市李官小学的蚂蚁嘎德班里，班主任老师就特别注重用童心来育人。在这个班级里，每一个同学都有一个童话的名字。他们利用课余的时间，把适合演出的课文全改成了童话剧。就是在课余，大家也时时跳动着童心。有一次班长过生日，老师悄悄地在送她的笔记本里画上了美丽的蛋糕和可爱的小兔子。后来凡是有同学要过生日了，班主任都要给学生画上不一样的快乐蛋糕。学生们受到老师的影响，也纷纷有了自己的小创意。有一天，一个小男孩捧着一个盛着好多小星星的玻璃瓶子来找班主任老师。小男孩对老师说："我每次得到老师表扬，回家就叠一颗带着笑脸的小星星，储存在玻璃瓶中。"

我曾坐在几位小学教师中间，听他们交流教学生写童诗的难忘体验。几位教师读着学生们交上来的作品，竟全然不知道是学生抄来的。我禁不住问老师们读过几本童诗？有没有写过童诗？或者说一个自己有童心的小小的事例。让我失望的是，我得到的答案是他们漠然地摇头。

如果把小小的孩子交给了一群丧失童心的人去教，这是不是件极其可怕的事情？作为教师，如果自己的童心早已不在，怎么懂得呵护孩子们的童心呢？

那些生命中不期而遇的柳荫

陈　琴

有一次跟著名朗诵家徐涛老师聊天，发现他不仅博览群书，还多才多艺。我好奇地问他怎么独独偏好朗诵并且以此为职业呢？

徐涛说这完全是无心插柳柳成荫。初三时，他遇到了一位语文老师。那位老师使他对朗诵着迷到忘乎一切。那位老师教过的其他语文知识已经记忆模糊，但他朗读过的文章却令他一生难忘。徐老师还特别强调："那些文章都不是语文书上的！我的一些同学为此还生气，因为老师让我们听读了很多跟考试无关的内容。可是，我觉得老师的声音真是天籁，那真是一种醉人的美啊！"

这番话让我想起自己的一位数学老师。我小学几乎没有学过数学，初一时经常得零分。上初二后班里来了个新数学老师，姓蒋。虽是数学老师，每次讲课前蒋老师都会给我们带来一篇文章，有时他自己读，有时会让学生读。那一年里，我读到了许多报纸杂志，《人民文学》《收获》《青年文学》《儿童文学》《人民日报》……通过这些文字，不仅使居住在闭塞小山镇的我在第一时间知道了报告文学作家徐迟，被他的《哥德巴赫猜想》激荡起刻苦读书的志趣，还让我的心境大大迥异于先前的绝望——我从此对数学信心满满。后来我才明白，正是蒋老师每天在数学课前无心插下的那片跟数学题无关的"柳荫"，我的数学成绩才在短短一年的时间里有了质的飞跃。到初三时，我参加全地区数学竞赛竟然获一等奖（满分）。

我听过许多众人眼中优秀语文教师的示范课，从设计的角度讲，精细到天衣无缝，每一句话、每一个细节都无懈可击。可是，正因为那些课都太像"课"了，常常让我深有隐忧。因为，我知道语文课或任何其他学科的课，除了精准的条分缕析，更应该有许多"不讲理"的"感觉"，有一些"无心插柳柳成荫"的法外之情，无关乎"训练目的"，甚至无关乎"逻辑思维"，仅仅是一些值得记忆一生的插曲，即便年岁流逝许久，仍能让人由衷地欢呼："那真是一种醉人的美啊！"

被视为小语界泰斗的于永正老师，经常在一节课结束时给孩子们唱上一段京剧。起初，也有人对此颇有微词，甚至质疑："对这节课有什么用？"

我们只关心"有之以为利"，却忘了老子还强调过"无之以为用"的道理。

想起《论语》中的一个教学画面："暮春者，春服既成，冠者五六人，童子六七人，浴乎沂，风乎舞雩，咏而归。"这是否可称得上人类教育史上最经典的"无用之举"？其实，整本《论语》读完，你会发现，孔子的教学几乎都可以被今天的人冠以"无用"之名。

我只能借用《钟曲线：美国社会生活中的智商和阶层结构》的作者之一 Charles Murray 得出的结论来解答：

"越是水平高的学校，学生的兴趣就越抽象，越'没用'。"

原来，所有无法以"有用"衡量的美都是抽象的，是形而上的，是无法短期培训的，是匠心独运也无法设计的。想想看，当"有用"的标准已让我们理直气壮地蔑视一切教育过程中不期而遇的"柳荫"时，我们如何让一个孩子的心能柔软细腻到不忽视柳林边的丝丝风声？

如果人的一生，尤其是学生时代，所有的感官都被训练成标准的"有用"部件，却与那些"无用"但充满情趣的"柳林风声"擦肩而过，终将是一生都无法弥补的遗憾啊！

论

教

育

学生在哪儿

杨再隋

学生在哪儿，这还是疑问吗？

你看，就在教师眼皮底下，教室里几十个小学生正襟危坐，循规蹈矩。稍有逾越，老师一声"一二三，坐端正"，全班学生便立刻昂首挺胸，目视前方，坐得笔直端正。教师喊："预备起！"全班学生立刻齐声朗读；教师提问，学生齐刷刷地举手。快下课了，教师问："同学们都懂了吗？"全班学生应声而答："懂了！"

这，难道不都是学生在活动吗？

可是，热闹的景象中，我们的心却仿佛空空的，教室里也仿佛空空的。学生究竟在哪儿呢？

的确，我们很多时候并没有真正看到学生。或者目中无人，视而不见；或者随意一瞥，视如草芥。教师依然是站在舞台中央的主角，学生还是跑龙套的配角。教师一如往常居高临下，虎视眈眈，连珠炮似的逼问："你说，你说，你说……""为什么？为什么？为什么？……"学生也如往常一样，专心听讲，有问必答，尽可能猜度老师的心思，作出让老师满意的回答。

我们看见了学生的身影，却没有洞察学生的心灵，既没注意学生认识过程中的曲折反复，也没看见学生情感的波澜起伏。课堂上，尽管学生在读书、写字，在勾画圈点，但他们内心深处的高兴、快乐、兴奋、激动与悲伤、忧愁、苦闷、消沉，你看到了吗？他们的困惑、焦虑、疑窦、迷茫，你觉察到了吗？

小学生和成人一样，也有两个"我"，一个外在的、看得见的、可能变了形的自我，一个内在的、隐形的、真实的本我。教育的目的之一在于促使二者融通和一致，形成健全的人格。千万不能让学生用变了形的自我去覆盖、扭曲真实的本我，留下双重人格的阴影。

语文，是立人的学科。没有了人，看不见学生，还有语文吗？不了解学生的心灵，看不清学生兴趣、思想、情感，还能教学生学好语文吗？没有了人与人之间的思想交流和情感沟通，还需要语文吗？语文教学必须和学生心灵相通、情感交融，引导学生体会人性之美、人格之美，展示童心之纯、童情之真、童真之美。

不知道学生在哪儿，还有另一层意思。一般来说，教师看见的是全班学生的群体性概念，不是学生的个体特征，正如同只见森林，不见树木。教学活动中，学生主体的核心就是个性化，没有个性的主体是虚化的主体。主体教育即个性化教育。语文课程标准就强调："阅读是个性化行为。"其实，整个语文学习活动都是个性化行为，都与学生的兴趣、爱好、需求、愿望密切相关，与学生的认知、性格、气质等特点紧紧相连。个性的自由发展就是人性的彻底解放。当前教学统得太死，管得太紧，限制太多，既束缚了学生的心灵，又压抑了学生的个性。马克思主张"自由而充分地发展"，他所说的发展都是人的个性的发展。没有个性就没有独特性，更不会有创造性。正因为每个学生个性千差万别，才使得教学活动千姿百态，丰富多彩。

让我们睁开眼睛，清晰地看见学生；蹲下身来，与学生平等地对话交流；让学生静心读书，默默思考，细细品味，慢慢咀嚼，让学生的心灵飞起来。当学生的心灵和老师的心灵真正贴近了，我们就知道学生究竟在哪儿了。

播种童话

何夏寿

我给大家讲一个故事。

主人公是我 18 年前的一名学生，她现在是我们开始学校生活后会遇见的第一位老师——幼儿园老师。

一天放学，这位幼儿园老师，在沸腾了一天刚刚开始平静的幼儿园里，被一个"疯女人"给劫走了。

"疯女人"劫老师干什么呢？

"疯女人"把这位老师带到一个建筑工地的临时住房处。低矮的板房里坐着一个男人，他正紧紧地抱着一个小孩子，生怕那小孩立刻飞走似的。

"疯女人"的声音像是一阵雷声："囡囡，红帽子，老师！"

小孩子显然是被"雷声"给吓醒的，睁开眼睛，无力地说："老师，小红帽……"

老师这才看清楚那小孩是女孩，五六岁的样子，瘦得皮包骨头，小脸白得像张纸。

"疯女人"念念有词，大意是说，我给你找来了老师，老师给你戴红帽子。一边说，一边将红帽子塞到老师手上。

小女孩用力摇着头，声音更微弱了："老师，小红帽……"

我的学生是一位富有经验的老师。她听了这么一堆杂乱的信息后，很快反应过来。她问孩子的父亲，孩子上过幼儿园吗？女人抢着说，孩子在别的地方上过一个星期的幼儿园，后来就病了。男人补充道，他们是外地人，来这里打工才一年。女儿患的是白血病，这两天一直叨念着"老师，小红帽"。

他们夫妻俩买来了红帽子，可孩子看一眼就摇头。为了不让孩子有遗恨，她妈妈就到幼儿园"劫人"了。

我的学生忍着泪，微笑着对孩子说："囡囡，我给你讲个小红帽的故事吧!"

小女孩一下睁大了眼睛。原来这孩子一直记着,她上了一个星期的幼儿园里,老师讲过的《小红帽》的故事。这是一个多么令人心疼的小女孩啊!

我的学生调动她全部的经验和能力,绘声绘色地讲起故事来:"在一个神秘的森林里,有一个非常可爱的小女孩,她叫小红帽。有一天……"

小女孩听得好认真啊,她分明已经和故事中的小女孩一起走在郊外的田野上了,看到了美丽的苹果树,闻到了喷香的苹果花……为了制造逼真效果,老师从"疯女人"手里取过红帽子,戴在头上,边讲边演,比她任何一次给孩子们讲故事都要认真。

就在老师的讲述声中,这个孩子渐渐闭上了眼睛,安静地离开了人世。老师低下头亲了一下小女孩,含着泪水离开了低矮的木板屋……

听完这个故事,我的眼睛也湿润了。我称赞我的学生,她却说:"老师,我要感谢您。是您在我们读小学时,给我们讲了那么多童话故事。记得我上三年级时,学校举办童话节,我演过'小红帽'。没想到18年后,我又演了一次'小红帽'。"

听了我讲述的故事,你可能觉得我是在讲童话吧。我倒是希望我们的生活中多一些这样的童话,多一些这样有童话情结的老师;也希望我们的老师能在孩子幼小的心灵中播撒童话的种子,播下美好人性的种子。这难道不是我们教育应该追求的真谛吗?

带着你飞一会儿

边存金

在上海举办的"首届海峡两岸和香港儿童绘本高端论坛暨教学观摩活动"上，一位男教师正在上公开课。老师问学生："你会不会飞?"学生说："不会飞。"大家一齐笑。老师问："你现在想不想飞一下?"学生说："想呀。"

老师说："那好，我就带着你飞一会儿。"

老师就让这个想飞的学生在舞台上助跑，起跳，就在学生跳起来的时候，老师伸手托住这个学生，让他在空中飞了一会儿。全场大笑。

老师问："飞的感觉怎么样?"学生说："很好。"

老师拍了拍学生的肩膀说："好，你想飞，我就陪着你飞一会儿。"

就在那一刻，我心头一热：如果，我们在日常的教学中，都能像这位老师一样，在学生想飞的时候伸出鼓励之手，会是怎样一种动人的场面呀。

事有凑巧，我从上海回来不久，就遇到了一件与此有关的事情。一位家长带着读三年级的儿子来向我请教。爸爸先是让儿子伸出双手：这个孩子的手上全是老茧。

爸爸说："现在的孩子手上哪有长老茧的，对吧? 可是，我儿子手上全是的。"

我问："这是怎么了?"

爸爸告诉我："儿子有一个爱好，爬树。他的目标是把学校里能爬的树全部爬一遍。"我说："这个爱好很特别!"

可爸爸面露难色，叹了口气。我问："难道是你的孩子学习成绩不好? 爱动? 品德不行?"家长说："我的孩子爱读书，在班里成绩一直是第一，遵守课堂纪律，品德也优秀，就是有一条——爱爬树。老师担心安全问题，经常约谈，说如果孩子再乱爬树就让他转学走人。"

我问孩子："你现在爬树的目标实现了吗？"孩子骄傲地说："是的，全校的树都让我爬了一遍。"我问："你有没有摔下来过？"孩子说："没有呀！"

我感觉这个孩子爬树显然是很有经验了。但是，现在的校园里，安全是第一位的，没有了安全，其他都难以落实好，像学生爬树之类的个性活动也着实让老师不敢大意。在这样的大背景下，班主任的担忧是可以理解的，但是不能将喜欢爬树的孩子视为"问题孩子"。这位家长可以多和学校沟通，多向体育老师或是在攀爬运动方面有经验的人请教，在加强安全措施的情况下，对孩子进行有针对性的训练。这样，在有安全保障的前提下，保护这个孩子的兴趣和爱好，也是一种"陪伴学生飞一会儿"的不错的做法。

面对有个性的学生，教师应积极创造条件让孩子有"想飞的打算和能飞的空间"，不能因为嫌麻烦，或是以怕出安全事故为由，禁止任何有个性需求的活动。否则，只能是把学生牢牢地束缚在教室里，就像把小鸟握在手里一样，早晚是要捂出毛病来的。

我想起之前读过的《总有一匹斑马把屁股对着你》，特别佩服故事中的总编贝内特所具有的独特思维。他在一张拍摄者非常不满意的照片中发现了别人没有注意到的东西：总有一匹斑马的屁股对着你，这才是人间常态。作为教育工作者，更不能奢求出现在你面前的"小斑马"个个温驯，任由整齐划一地来塑造。承认个性差异，寻求个性成长的光芒，也许才是教育工作者更需要具备的品质。

面对着千姿百态的孩子，教育更是需要这样的情怀。

老师脸上要有孩子气

杨文华

  一位年轻教师问于永正老师："怎样让学生喜欢老师?"于老师笑着回答："老师脸上要有孩子气,不能总是一本正经的。"这话听起来浅显易懂,细细想来,却包含着深刻的道理。

  于老师上课有一项特长,用张庆老师的话说:"于老师能装猫扮狗,而且装什么像什么。"

  为了让学生尽快进入学习情境,于老师常常放下身段,和孩子们一起扮演角色,表演情景剧。上《狐假虎威》一课,于老师扮演狡猾的狐狸,与扮演老虎的学生斗智斗勇;上《小稻秧历险记》,于老师把穷凶极恶的野草演得活灵活现。最有趣的是上口语交际课《爱鸟》,于老师胡子一贴,帽子一戴,猎枪一举,摇身一变成了猎人。孩子们见"猎人"举枪瞄准树上的小鸟,都急了,纷纷上前劝说,列举小鸟对人类的好处,痛陈打鸟的危害,最终让"猎人"放下了猎枪。

  这样的教学中,于老师俨然成了一个大孩子。

  放下了教师的架子,和孩子们一起玩,一起做游戏,一下拉近了师生的距离,学生自然对老师产生了亲近感、信赖感。这种亲近和信赖,正是教学最好的润滑剂。

  可惜,我们很多老师总是放不下教师的架子。

  于老师说过这样一件事:有个外国教育考察团来听课,这堂课是观察说话。老师拿了一只小乌龟让小朋友观察,小朋友们高兴极了,有个小朋友竟得意忘形,学起了乌龟爬。老师很着急,用眼瞪他,他都没有察觉。老师气极了,准备课后狠狠教训他一顿。没想到外国老师评课,竟大大夸赞了这个孩子,说他才是这堂课最投入学习的人。

  同样一种课堂行为,中外教师的看法截然不同。这反映出的是两种截然不同的学生观。我们喜欢守规矩的孩子，外国老师却更喜欢率真自然、异想天开的儿童。

一项调查数据让人吃惊，大多数中小学生竟然不喜欢上语文课。问其原因，很多学生回答：语文课不好玩！

本该最有情趣的语文课，为什么学生反而不喜欢呢？我们的很多语文课都有一个固定刻板的模式，问题是事先设计好的，答案是早就设定的，整堂课都按照老师预设的思路走，学生不能越雷池一步，稍有不慎，老师就会脸色难看。慢慢地，学生摸着了老师的套路，专挑老师喜欢的话说。

我们的语文课太像语文课，我们的语文老师太像老师。课堂里缺少了原本应有的儿童味，老师脸上缺少了孩子气。这样的语文课，学生当然不喜欢。

于老师所说的"老师脸上有孩子气"，不仅仅是一种教学技巧，更是一种新型师生观的外在投射。

"老师脸上有孩子气"，就是说，老师始终要保持一颗童心，主动靠近学生，尽量和学生相似。

思维科学家张光鉴先生说："于永正老师蹲下来看学生，他和学生相似，所以他成功了。"要与学生相似，教师就要熟悉儿童、理解儿童、尊重儿童，与儿童心心相印、息息相通。

于老师站在儿童的立场，总想着和学生相似，想学生之所想，急学生之所急，所以他说的话学生能听懂，他的表情学生乐意接受，他的教学方法学生喜欢。

著名特级教师袁浩先生说："一个老师能让孩子接受，让孩子喜欢，这是一门学问。"

而"老师脸上有孩子气"，可能就是打开这门学问的一把钥匙！

论

教

育

穿越光阴的故事

张学青

学校公众号推送了一条书讯：我校张学青老师出版了专著《给孩子上文学课》。

朋友圈里，一夜间竟有一万多的点击量。

打开后台的留言，读到下面一段话：

"十年前，张老师的《月光启蒙》为我打开了一扇神奇的文学之窗。十年来，学文科，读 985 大学的中文系，辅修教育学双学位，大四就已踏上语文教育之路。……在成长的路上遇到一位热爱文学的语文老师是最幸福的事情，从此一生都有她打下的精神底色。高考前，我对张老师说，我要读中文，站在教育的边上，为儿童教育、儿童文学做点什么。将来有一天，我也要上一节《月光启蒙》……"

恰好十年。这个署名"馨"的丫头叫黄馨悦。我接手她们班时她读五年级。从带那一届学生起，我开始用心地做班级共读整本书的阅读课程。一年中，我们共读了多少本儿童文学经典，已经记不清了。没想到我上过的那些文学课，历经岁月沉淀，会绽放出这样的光华，我觉得自己也被照亮了。

无独有偶。我在吴江实小的同事——教体育的明老师也买了我的书，还托我的闺蜜来讨签名："叫张校长写句话给我女儿哦！我女儿一直很羡慕张校长班级的学生……"明的女儿现在已经上大学，然而，情缘还在延续——明以她独特的方式，让女儿来补上那些文学课，让我真的很感动。给孩子们上文学课，会逐渐成为圈里圈外大人们的共识吧？

什么是文学？纳博科夫曾经这样回答：一个孩子从尼安德特峡谷里跑出来，边跑边叫"狼来了"，如果他背后果然紧跟着一只大灰狼，那么这不是文学；如果孩子大叫"狼来了"而背后并没有狼，这才是文学。同样的意思，亚里士多德也说过："写已经发生的事是历史，写可能发生的事，才是文学。"可见，虚构和想象，是文学的本质特征；朝向可能是文学的方向。然而，文学是人写的，写人的，而且是为人而写的，又怎么可能超然物外，成为一种与人的生存状态、与人的命运毫不相关的游戏呢？正是这种基于现实又超越现实的特质，使得文学在儿童的成长中具有不可替代的作用。

当我对文学有了这样的理解，尤其是接触了大量适合儿童的文学作品后，我觉得不把它们带给孩子真是太可惜了。于是，我从原来精打细磨教好一本教科书的状态里走出来，走向广阔的文学世界。我带着孩子们读诗歌，读那些闪闪发亮的句子，看诗人的想象如何飞扬；我们读童话，在童话的世界里寻找自己的镜像，寻找丑小鸭的谦卑或骄傲，在彼得·潘的故事里寻找梦幻岛，寻找使岛屿勃发生机的存在；我们读小说，在生动的故事情节里直面问题，作出价值评判，优化自己的解决策略，通过这样的阅读更好地理解人性，进而对整个人类都深怀悲悯；我们也读图画书，感受它的别致、丰饶……这样的文学阅读、文化渗透、精神引领，让我和孩子们都从中获得了成长的力量。

当我们把文学带到孩子面前，长期进行高品质的阅读，作品里的词汇、语段，故事里人物说的话，故事蕴含的道理和感情，多多少少就会留在他们的记忆里。学生语文水平的提升，自然会来，不经意地，渐渐地，像花木一样地生长。

但它，一定属于光阴。

论
教
育

要有擦拭星星的能力

边存金

加餐的时间，一位同学的妈妈送来了烤馒头干，班里的同学见了都想抢着品尝。老师让当天志愿给班级做事的同学先领取馒头干。于是，志愿擦黑板的、整理教桌的、扫地的同学都得到了奖励的馒头干。就在同学们想第一时间品尝的时候，老师叫停了："想一想今天谁帮助了你？你要分一半馒头干给他（她）。"最后，同学们虽然只吃到一半的馒头干，却觉得更加美味可口。

这个真实发生的生活片段，被一个台湾的小学生写进了作文中。这篇小小的作文，不足 300 字，如果不用心读，很容易只是将此看成对生活的记录。但是，如果静下心来从教育专业的角度分析，就不得不佩服这位老师的教育艺术。这位老师在分馒头干的时候，实现了两个层次的教育：对志愿为班级做事的同学给予肯定和奖励，同时，也教会他们分享。我们有理由去想象，在这位老师的整个教育链条上，即使是班级中极为普通的事情，都可能被有意识地策划成创新性的教育环节。我们也能想象，久而久之，这班孩子会发生什么样的变化。这位老师是用心把班级生活擦拭得如星星般闪光的人。

我曾在一所小学校园里遇到过一群小读者，他们簇拥着我想让我签名。在我给几位同学签名之后，校长提醒我出于安全考虑需要停止签名，学生太多了，担心意外发生。就这样，同学们略带着失望站在我身边，和我谈着读书和童话。这时，从外围挤进来一名右胳膊缠着绷带的男生，非要过来签名。大家都制止他："现在一个也不签！"我得知这是个喜欢足球的学生，因为踢足球受了伤。男生的班主任在一边给他讲情："这是我们班级球队的前锋，您给他在绷带上签个名吧！"想不到，这下同学们异口同声地支持。我用笔在他的绷带上写下了两个字"不疼"，那个男生竟然像比赛进了球般兴奋地跳了起来。后来，这个班级的孩子在考试时把这个故事写进了作文中。我一直感动于当时班主任在那一刻的求情和当时身边那群孩子们的"通融"，才成就了这个温暖的故事。

记得"新体系作文实验"的倡导者吴立岗先生说过，"新体系作文"倡导的就是要引导学生从平凡的生活中挖掘出有价值的写作点，防止写平淡的流水账。我们在作文教学中，就应当先遵守教育规律，用心做教育，并用心擦拭着孩子们的生活，让班级时时有新鲜事发生，有新鲜的情感不断出现，来满足孩子成长的需要。

我们实践着"新体系"的理念，还要特别强调去主动感受文学生活，用文学生活的理念来观照教育生活，让学生们听到生活中不一样的声响，看到生活中更多彩的画面，得到更全面的生活滋养，并用自己的语言来呈现这些美好的东西。要实现这些，离不开教师的用心，离不开精心的策划和设计，离不开有意识的专业实践，离不开持之以恒的努力。

说到底，透过学生的作文，我们看到的还是我们教育生活的分量和质量。

大地上有孩子跑过

闫 学

这个春天，"隔离"无疑是个高频词。居家隔离的日子，除了可以做蛋糕、炸油条，定好闹钟网上抢菜，我们还可以做些什么？

有一位朋友告诉我，在家里的这些天，除了按计划给学生上网课，其他时间都用来健身、听音乐、读书。我不太清楚她是怎么居家健身的，但我知道，如果有音乐和书籍陪伴，生活就不再只有紧张、孤独和恐惧。病毒无法隔离音乐，也不能阻止阅读，更不能剥夺人们对美好事物的心灵感受。

近期，我听的遍数最多的音乐是贝多芬的《春天奏鸣曲》，读的遍数最多的是梭罗的《瓦尔登湖》。

小提琴和钢琴的和音开始在小书房内流淌，时而舒缓，时而欢快，诉说着希望和对春天的畅想。此时读梭罗的书，就仿佛置身于瓦尔登湖畔，冰雪融化，春水淙淙，森林中氤氲着鸟儿扑翅的热气……

音乐和书籍，让整个世界变得透明，心灵也变得敞亮起来。

我和学校的老师们决定把这种感受传达给居家学习的孩子们。所谓"停课不停学"，不仅仅是上直播课学习学科知识，更重要的是打破隔离和封闭，跨越空间限制，互相分享和陪伴。所以，我们每天都有一个固定时间，上一节线上共读分享课。老师和孩子们把阅读某本书的感受、思考、困惑，自由地表达出来，彼此启发，互相激励。阅读，成为老师和孩子们在这段特殊的日子里共同的记忆。这就是所谓"非常日"，即阅读日。

我给孩子们上了一节线上绘本阅读课。共读的绘本，是一位旅居国外的华裔儿童文学作家临时创作的，讲述的主题不是亲情或友谊，也不是哲学智慧，而是一种病毒。正是这种病毒，改变了我们的假期，改变了我们对生命、亲情、环境，乃至对宇宙万物的认知，甚至会改变我们的一生。

这样的阅读课，除了知识的传授，更多的是精神的丰富、生命的滋养，是对人类命运共同体的感同身受，还是特殊时刻不可或缺的陪伴与责任。

"当夜色降临，我站在台阶上倾听；星星蜂拥在花园里，而我站在黑暗中。听，一颗星星落地在响！你别赤脚在这草地上散步，我的花园到处是星星的碎片。"

这是老师和孩子们一起诵读索德格朗的诗——《星星》。清脆的童音，通过网线跨越空间的隔阂，每一个孩子都能彼此听见。那些"星星的碎片"，闪烁着动人的光芒，落进我们的心底，点亮了这些阴沉的日子。

其实，岂止是孩子们应该如此。疫情肆虐期间，有一张照片在网络上刷屏：在武汉方舱医院里，一位男士躺在病床上，正专注地阅读一本书——《政治秩序的起源》。人们把这位男士称为"武汉方舱医院读书哥"。据说这位"读书哥"是留美博士，在武汉期间不幸感染新冠肺炎。他在方舱医院的病床上还在阅读，这一幕被媒体用镜头记录了下来，他也立马成了网红，就连该书作者、知名学者弗朗西斯·福山都在社交网络上转发了他的故事。这位"读书哥"让我们看到了什么是淡定、从容，也让我们看到了阅读的力量，那就是无论何时何地，只要我们愿意，我们就可以在阅读中看到一个更为广阔的世界。至少，它会让我们的心灵变得宁静。

所以，每当心情躁乱的时候，我都会再读《瓦尔登湖》——

"我注意地等待着春天的第一个信号，倾听着一些飞来鸟雀的偶然的乐音，或有条纹的松鼠的啁啾……"

对我来说，春天到来最动人的信号，是这样的情景：大地上有可爱的孩子欢笑着跑过。

我和孩子们的"暗语"

罗树庚

统编教材试行，从教 26 年的我自告奋勇去教一年级。教一年级小学生，对于我来说，是大姑娘上花轿——头一回。与一群活泼的小孩相遇，最让我担心的还是课堂纪律问题。

看着这群可爱的"小不点"，我不想用威严唬住他们，也不想用条条框框束缚他们，更不想用惩戒震住他们。我想给他们营造一方宽松、自由、快乐的空间，舒缓他们刚上小学的不适感。经过几个月的相处，孩子们早已摸透了我的脾气，他们好像有些无法无天、肆无忌惮。课堂上叽叽喳喳说闲话、乱插嘴的行为总是无法制止。有时，我生气地拉下脸，默不作声。孩子们见我不说话，知道我生气了，个个是"戏精"，装作一副乖巧样。可是，等我一开口或一转身，他们就依然如故了。想想也正常，毕竟他们是六七岁的小娃娃。

怎么让这群"小不点"改掉叽叽喳喳的习惯，养成良好的倾听和发言习惯呢？孩子们都爱听故事，我不妨从故事入手。

一天，我给他们上了一堂故事课《群鸟学艺》。这是二十世纪八九十年代语文课本中的一篇课文。故事讲的是：猫头鹰、老鹰、乌鸦、麻雀、小燕子向凤凰学习搭窝本领。在听凤凰讲搭窝方法的时候，其他鸟儿只听了个开头，或者只听了几句话，就以为听懂了，早早飞走了，只有小燕子耐心倾听，认真学习，最后成了搭窝高手。

我没有按照常规语文课的方式上，而是绘声绘色地给他们讲述这个故事。听完故事之后，我让他们说一说小燕子有什么优点。孩子们抢着说：小燕子的优点是上课认真听。我又问：谁愿意做咱们班的小燕子呢？孩子们都举起了小手。

我笑着说："老师知道你们都想当小燕子，可是，小燕子不仅要善于倾听，还要善于发言。最近，老师遇到一件烦心事。你们愿意帮帮老师吗？"孩子们连连点头，天真地说："愿意！"

我打开电脑给孩子们播放他们喜欢的儿童歌曲。我一首一首地播放，孩子们兴趣盎然地跟着唱。等他们跟唱一遍之后，我把电脑桌面上打开的五首歌曲同时点击了播放键，五首歌曲的声音相互干扰，孩子们啥也听不清。我故意把声音调大，小家伙们纷纷捂住耳朵，连声喊叫："吵死了！吵死了！"

我关掉音乐，问孩子们："刚才我们一首一首听，这些歌曲都很优美，为什么五首一起播放，你们却捂起了耳朵？"孩子们七嘴八舌地议论开来。

"老师，再美的声音，如果混在一起，都会吵死人的。"

我说："孩子们，课堂上，你们发言的声音就像这美妙的歌声，动听、优美。但如果大家争着、抢着发言，就会变成噪声，把我吵晕了。"

这节课，我和孩子们有了一个心领神会的约定——我竖起右手食指放在嘴唇上，大家就立即停止吵闹。自那以后，"竖起食指"成了我和孩子们心有灵犀的暗语。在校园里碰到孩子们，我只要问："刚才这堂课，我们班小燕子多还是猫头鹰多？"孩子们就心领神会了。只要我把右手食指放在嘴唇边，孩子们就会立刻安静下来。从那以后，我们班叽叽喳喳的嘈杂声没有了。

今天和大家分享这个小故事，我想说的是，老师要善于和班级的孩子们架构起一套属于你们的"暗语"。这"暗语"只有你和孩子们知道它的来龙去脉，这"暗语"会伴随着孩子们成长，成为他们一段美好的童年记忆。

到麦田里坐坐

边存金

　　有一位老师发来微信，说梦到我又出了新书，很多老师读了新书都来学校里玩。人越聚越多，我就带着他们到学校不远处刚刚返青的麦田里。春风暖暖的，大家坐在地上很开心地交流。

　　我不太懂梦的解析，但我隐约感受到这位老师的困倦与苦恼，内心期待着像麦苗一样吹吹春风，想吹多久就吹多久；想好好看看那些开着细碎小花的荠菜，看它们在风中自由地摇曳，想看多久就看多久。

　　梦由心生，它们大多是现实需求的心理折射。

　　春天到了，是该到春风里走一走，到麦田里坐一坐了。可现在老师们太忙，忙着填写各种报表，忙着整理材料应对方方面面的检查和考核，忙着各种各样的杂务，忙得焦头烂额，忙得精疲力竭，以至于挤不出时间喘口气，更没有时间去寻找那样一处麦田。"暮春者，春服既成，冠者五六人，童子六七人，浴乎沂，风乎舞雩，咏而归。"先师孔子那样的教育生活，对他们而言是那样遥不可及。

　　我们常常强调要因材施教，要尊重学生的个性，让学生自由成长，却依然习惯于把一千个孩子向着同一个方向"培养"。就在这琐碎繁杂、意义不大的忙忙碌碌中，老师们渐渐忘记了自己，忘记了自己也有个性需求，也需要经常自由地呼吸麦田里清新的空气。

　　莱布尼茨说过："世上没有两片完全相同的树叶。"这让我想到刚刚在北京举办的冬奥会，张艺谋导演策划的开幕式，就尽情地展现了世界各国运动员千差万别的个性，赢得了普遍称赞。这就是敬重个性的力量。那些手持鸽子一起自由舞蹈的孩子，在舞台上随意追逐玩耍，不刻意追求整齐划一的效果，这在策划 2008 年奥运会开幕式的时候导演想都不敢想，而现在却可以大大方方地展示在世界各国运动员面前。完成这样的转变用了十多年的时间。这就是文化自信的力量。

文化需要自信，教育教学也需要自信。奥运会开幕式策划理念的重大转变，也给我们教育工作者、语文教师带来深刻启发。我们应该尊重面前的每一个孩子的个性需求，使其自由地成长。我们每一位教育工作者、每一位语文教师，也都应该听从内心的呼唤，自由地呼吸。

还有冬奥会闭幕式上折柳送别的动人场景，那是中国送给世界的文化情怀。我要提醒老师们的是，那片片相聚的雪花，那条条送别的柳枝，可都是咱们语文里本来就有的呀！很多人都淡忘了。这样的文化元素出现在冬奥会闭幕式上，瞬间感动了整个世界，让大家为之泪目、为之折服，也让我们透过莹莹冰雪、青青杨柳，看到一个充满希望的春天。

是的，春天如约而至，就让我们带上这样的心情，回到我们的语文世界里吧，和我们的学生一起，去寻找那块梦中的麦田。我们一起随意而坐，一起畅快地呼吸，一起自由地欢歌，一起享受满眼的新绿和"筋骨拔节"的快乐。

论
教
育

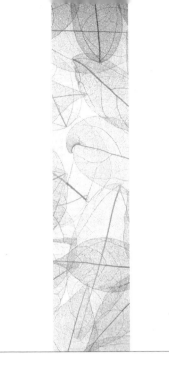

说
教
学

我的 20 条语文教育感言

崔 峦

1. 语文教育是花的事业，根的工程。

2. 语文教学育人为魂，能力为基，读书为要，语用为本。

3. 中国人识汉字并不难。识字适当提速，就能早读书。早读书就能早启智。

4. 中国人一定要写好中国字。汉字是世界上最美的文字，把一个个字写得漂亮，更能展示汉字的美。

5. 语文教师既要做学生语文学习的引路人，又要做儿童阅读的点灯人。

6. 让每个学生成为读书的种子，帮每个学生养成读书的习惯。这样的语文老师功德无量。

7. 阅读教学重在学生自己的读、思、悟、诵，要和繁琐的内容分析说"再见"。

8. 简简单单教语文，完完全全为学生，扎扎实实求发展。

9. 教师的"教"，要落实到促进学生的"学"上；课堂的"彩"，要通过教师的指导、引导、辅导、诱导，出在学生身上。

10. 在学生读过的文篇、书籍中，总要有一些，每每想起某个人物、某个情节，就心潮澎湃、热泪盈眶，就受到莫大的鞭策、激励和鼓舞。

11. 每个学生从小都好看、好问、好说、好想象。让学生喜欢发现、乐于表达的欲望一直保持下去，作文教学就成功了一半。

12. 低年级学生用童言童语，表达童真、童情、童趣，是儿童化写话；中年级学生描摹人、事、景、物，记录日常生活，是生活化习作；高年级学生用自己的情意和文字，写下见闻、感受和想象，是个性化习作。

做一名有思考力的教师

13. 语文教师不能只说不练，要写"下水文"。这样，指导学生作文才能有的放矢。

14. 母语学习有得天独厚的条件，有取之不尽、用之不竭的资源。生活的天地有多么广阔，学语文、用语文的天地就有多么广阔。

15. 读书是学习，运用是学习，游学、研学也是学习。

16. 小学语文应当是大语文、宽语文、实语文、活语文。

17. 语文能雕塑人的心灵。语文教师是塑造学生灵魂的工程师。

18. 要想让每个学生都能学好语文，前提是让每个学生都喜欢自己的语文老师，甚至崇拜自己的语文老师。

19. 像爱自己的孩子一样关爱"差生"，就不会有差生。这是最暖心的教育公平。

20. 希冀因为语文教师的尽职尽责，使小学校成为一座精神家园，成为每个学生一辈子都魂牵梦萦的地方。

教语文，是用生命去歌唱

谈永康

听过许多语文课，有些课随风而逝，有些课若隐若现，只有少数的课常在眼前，比如贾志敏老师的《母亲的鼓励》——扎扎实实的字词学习、绘声绘色的课文朗读、恰到好处的练笔补白，学生学得投入，读得生动，写得精彩。谁也没想到，课末，贾老师讲了这样一个故事：

"4年前，体检之后，医生平静地告诉我：'贾老师，你患的是癌症。'听了医生的话，犹如五雷轰顶。顿时，天旋地转。

"这以后，许多人给予我鼓励。

"医生说：'这病不可怕，一要乐观开朗，二要按时服药，三要坚持锻炼，你再活5年、10年没有问题。'

"才读小学二年级的孙子说：'爷爷，我没有钱给你买水果，但是，我可以每天给你快乐。'于是每天晚上，他都打来电话。

"浙江的张老师，特地从杭州赶来安慰我。我则对他说：'对不起，以后我不能去杭州上课了。'张老师热情地鼓励我：'杭州的老师、学生都等着你给他们上课呢！'

"于是，在大家的鼓励下，我坚持着度过每一天。这一坚持，我又多活了三年零五个月……"

全场沉寂，尔后，掌声如雷。很多人的眼眶都是湿润润的。

贾老师的课，震撼着每一个学生的心灵，也震撼着每一位老师的灵魂！大家如此真切地感受着鼓励的力量，也这样清晰地感受着教育的神奇！

回味贾老师的课堂，我不由想起于漪老师说过的话："教课，就是全身心投入，用生命歌唱。"

是的，我们的语文课，如果只有简单的知识传授，那一定缺少了什么；或者，我们的语文课，如果只有机械的能力训练，也一定缺少了什么；抑或，我们的语文课，如果逼仄到只有教材只剩考纲，那么，它缺少的就不是一点点了……

语文课，绝不该这样！

语文课有的是语文。语文，总是跟志士仁人相连。好的老师，如同入戏很深的演员，用自己的灵魂去拥抱教材中的每一位作家、每一部经典。讲李白，那他就是李白，激情万丈、潇洒不羁；讲杜甫，那他就是杜甫，沉郁顿挫、面有忧色……

语文课上坐满了学生，这些正在拔节的葱翠的生命。教育不是灌输，而是点燃火焰，每一节课都会影响学生的生命质量，你说什么，你做什么，你今日给予情感的激荡、思想的启蒙与价值的传播，学生将来都会反馈给你。

语文课上还站着老师，永远炽热，永远创新，而且永不满足。在思想碰撞、心灵交流、生命涌动中，在登高远望中，教师和学生一起成长。

所以，语文课不能只教在课堂上，只教在课堂上就会随着你声波的流逝而销声匿迹，就会随着你身影的离去而无影无踪。

语文课，要教到学生身上，要教到学生心中。就像贾老师这样——用我们的生活诠释那些难懂的字词，语文课因此而温馨，具有足够的亲和力；用我们的经历激活每个深奥的事理，语文课因此而生动，具有无敌的感染力；用我们语言的灼热点燃学生思想的火炬，语文因此而激荡，具有强大的生命力。

站上讲台，就是你我的生命在歌唱。

营造幸福的语文世界

魏　星

两千多年前的泗水河畔，春风习习，杨柳依依。

孔子和弟子们来这里游春，面对潺潺的流水，孔子凭着他那与万物相通的聪慧心性说出了一番深奥的道理，让弟子们为之感叹。随后，他们三三两两散开，有的采花，有的捕蝶，有的垂钓，有的戏水，尽情感受着春天的美好。玩够了，孔子让大家围坐，谈谈自己志向，弟子们各言其志。之后，弟子调好琴弦，边弹边唱，孔子先是侧耳倾听，后又情不自禁地手舞足蹈起来……直到日落，大伙儿才携起手，唱着歌，快快乐乐回了家。

这是多么幸福，令人神往的教学情境啊！在这样的"课堂"里，孔子成了一个很平常的人，一个"真"得可爱的人。他妙语如春，循循善诱。

一次听《孔子游春》这一课，教师受课文的熏染，课也上得十分自然而富有深情："老师很喜欢这篇课文。读完一遍，忍不住读第二遍、第三遍。每读一遍，感受就更深一层，我多想将我读后的体会与同样读过这篇文章的朋友分享啊。你们自由地读读课文，看看哪些语句能触动你的情思。"

学生十分投入地读了起来：

"'大自然多像一位伟大的母亲！广袤的大地是她宽广的胸怀，茂密的森林是她飘逸的长发，温暖的太阳是她明亮的眸子……'我觉得作者的想象力太丰富了！写得很生动。"

教师赞赏："生动。"

一名学生读着读着，闭起眼睛想象起来："'阳光普照大地，泗水河边桃红柳绿。'我喜欢这句话的优美意境。"

教师会心一笑："大家和这位同学一样闭上眼睛，和孔子一起游春。"

"我觉得孔子论水写得精彩。在孔子的眼里，水是真君子。"

"愿意谈谈自己的理解吗？"

"水有德行，有情意，有志向，善施教化，这正是君子的特点。"

……

教师引导学生纷纷与孔子这位大教育家对起话来。课堂呈现出一种自然、真实的形态。

孙绍振教授说："语文世界，尤其是文学作品，是超越了实用价值观念的、自由的心灵世界，语言到了这个领域是非常神妙的、非常动人的。"

是的，语文课堂就要营造幸福的语文世界。在这个世界中师生课前有一种期待，课中有一种满足，课后有一种留恋。那样，语文连同我们自己才会变得简单而又深刻，清晰而又丰富，独特而又生机勃勃，质朴而又楚楚动人。

这样的课堂不是表层的张扬、肤浅的铺陈，不是华而不实的渲染、冗余累赘的堆砌，更不是拙劣的东施效颦，而是充满着本真的情性、个性和人性。让人沉静，让人动容。

这样的课堂有心灵的絮语，有自然的默契，有会心的微笑，在这样的境界里，分明能感觉到弥散着一种气息，如同轻轻拂面的和风，给人一种人性流淌的惬意，一种来自生命深处的生机。在这样的境界里，师生都融入言语深处了，心灵一起跳动了，眼前敞亮了，胸臆舒展了。让人感动，让人回味。

这样的课堂不人为制造高潮，不追求"完美"，遵循课堂的自然生态。在这样的课堂里，一切都那么真实、和谐、温暖；在这样的课堂里，师生心与心彼此接纳、情与情相互眷念、思与思相互碰撞；在这样的课堂里，每个人都能感受到言语生命的尊严，感受到独特存在的价值，感受到心灵成长的愉悦，让人亲近，让人留恋。

这样，语文学习不再是外在的负担。每个孩子都处在一种"生命在场"的幸福的语文世界之中！

"童话嘴巴"与"故事讲桌"

周益民

　　浙江师范大学老校长蒋风先生这样回忆小学三年级时的班主任斯紫辉："她用整整一个学期给我们讲述了亚米契斯的《爱的教育》，后来又断断续续地讲了《佛罗伦萨的小抄写员》《爸爸的看护者》《小石匠》等，裘里亚、马尔柯、西西洛等一个个鲜明生动的人物形象在我年幼的心里深深地扎下了根，让我第一次在美妙的童话世界里找到了欢乐，第一次体味到了孩子的乐趣。"可见，儿童的阅读，离不开我们当老师的引导。

　　一名语文教师应该在心里铭刻这样的信念：让阅读成为儿童的一种生活方式。

　　我们是运用母语为孩子守护童年的人。母语本是美好的、可亲的，但一不小心，母语的教育又可能异化变质，我们察觉到了肩头的沉重。

　　我们需要练就"童话嘴巴"。

　　"童话嘴巴"是语言的趣味，是讲述与聆听的快乐，是沟通与引导的中介，也是教师自己的表达满足。

　　"童话嘴巴"是童话阅读（指广义之童话）内化后的外化，丰富而有趣味的童话故事成为教师的阅读必备，成为教师引导的不竭资源，是非技巧的技巧。

　　"童话嘴巴"使得教师与孩子成为可亲的同行人。童话是孩子喜欢的语言，教师练就了"童话嘴巴"就是掌握了走向儿童心灵的一串密码，彼此找到了共同的话语，成为乐意分享的共同体，成人文化与儿童文化在此获得了融合。

　　就这样，纯真可爱的爱丽丝仿佛不是漫游在奇境里，而是"掉啊掉啊"，掉在了你的嘴巴里；匹诺曹的鼻子变得到底有多长，这也全在你的描述里……每天，你的脚步成了孩子们的期盼，你的声音成了他们耳中的天籁，你成了他们的心中所念——教师与孩子在审美领域获得了生命融通。

我们还需要打造"故事讲桌"。讲桌是教室的特殊领域，是每个孩子每天都会无数次观望的地方。作为教室里的重要存在，我们应该赋予其崭新的形象与功能。"故事讲桌"是一种"反讲桌"，它不是作业本、练习册、考试卷的集结地，也不是训令、强迫、灌输、说教的发祥地，更不是教师与孩子的隔绝体。

"故事讲桌"总在诞生着美妙的童话。每天都会有优秀的书籍、动人的故事安静地躺在上面，每每与走过的孩子不经意间相遇，于是成就一个个"无法预约的精彩"。

"故事讲桌"是一种潜在影响，日常而细微的濡染，让孩子在无意识中结缘文学，投身阅读。

作家田地回忆童年阅读经历时说："一个偶然的机会，我见到了叶圣陶先生的童话《稻草人》，竟然感动得哭了起来。我变得喜欢阅读了。""故事讲桌"也是这样的"偶然"啊，说不定哪一天，长袜子皮皮和小淘气尼古拉就结伴来到了孩子们中间，或者跟随着彼得·潘去游历了一回永无岛。就在这期间，一些种子在我们不曾察觉之时得到了播撒。

因为"童话嘴巴"，因为"故事讲桌"，孩子们会看见二百岁的安徒生的忧伤目光，会听见慈爱的林格伦奶奶的快乐笑声。许多恒远的美好存在会跨越时间、跨越空间前来相会。

其实，"童话嘴巴"也好，"故事讲桌"也罢，实质是我们对儿童的深刻理解、真切关怀与赤诚热爱。诚如诗人所言："为什么我的眼里常含泪水，因为我对这土地爱得深沉。"

学会用故事说话

李振村

　　动物表演，看过一些，无非就是训练师引导着动物做一些翻腾跳跃之类的动作。但是，最近在美国奥兰多海洋世界所观看的虎鲸表演，却让我耳目一新，久久难忘。表演有一个意味深长的名字——《信任》。

　　节目开始，大屏幕上先播放了一个故事：一个小男孩与庞大凶猛的虎鲸交上了朋友。他刻了一个虎鲸项链时时悬于颈上，每天都去海边与虎鲸相会，期盼着能和虎鲸一起畅游。小男孩渐渐长大，成为小伙子，他终于实现了自己的梦想。他希望更多的人能分享自己的快乐。于是，小伙子从屏幕上"走"下来，潜入水池，开始了与虎鲸的精彩互动。

　　表演过程中，虎鲸的每一串动作，都伴随着有趣的情节；每一个情节，都层层递进地渲染着节目的主题：人与鲸之间的相互信任！

　　节目最后，那个屏幕上"走"下来的小伙子——首席训练师来到观众席上。找了一个六七岁的小男孩。他牵着男孩的手走到水池边，摘下虎鲸项链挂到男孩的脖子上；一头虎鲸游来，他让男孩轻轻抚摸虎鲸光滑的面颊，全场响起热烈的掌声！

　　面对此情此景，你还能说，这仅仅是一场动物表演吗？这更是一节演绎人与自然关系的生动课程！训练师和虎鲸在观众的心里，播下了尊重生命、热爱自然的种子——尤其是孩子，亲历了这样的场景，他们的心会变得格外柔软。

　　我想，假如没有故事，只是单纯的动物表演，虎鲸的动作和我们常见的动物表演并无多大差异，不过惹人一笑而已。但是，动人的故事，让原本旨在搞笑逗乐的动物表演有了诗意的色彩，有了人文的情怀，有了对生命成长的关注——表演的价值得到了极大的提升。

后来我发现，喜欢讲故事是美国文化的特点。例如，ZIPPO 打火机几十年畅销不衰，这就与营销商善讲故事分不开：一颗子弹正好击中美军士兵安东尼左胸口袋里的 ZIPPO，机身一处被撞凹了，安东尼安然无恙。1960 年，一位渔夫在奥尼达湖中打到了一条重达 18 磅的大鱼，他居然从鱼胃中发现一只 ZIPPO。取出洗净，崭新依旧，一打即燃……

伴随着这些故事，很多男人到世界各地都喜欢在裤兜里装一只 ZIPPO 以显示自己的成熟和魅力。

说到这，又回忆起和一位美国小伙子交往的情景。我们初次见面，饭桌上，他坐下没几分钟，就开始讲幽默故事，逗得众人大笑。我好奇，问他："怎么一见面就给大家说笑话?"他非常认真地回答："大家喜欢听我的故事，感到我是一个有趣的人，才愿意接纳我啊!"

相比之下，我们的人际交流似乎就缺少了一些幽默和情趣，总喜欢说空话套话，让对方听得一头雾水。

由此想到了我们的语文教学，很多老师的课不受学生欢迎，与老师的表达枯燥乏味、不会用讲故事的形式开展教学有很大关系。当课堂上缺少了故事、语言中缺少了情感，教学也就变成了风干的丝瓜，了无生趣，苍白干瘪。

当然，讲故事只是形式，故事的力量来自形象，来自情感，来自趣味，来自对倾听者的尊重，来自心灵间的共鸣。具备了这些特质，你无论怎样教，都一定会成为孩子喜欢的老师!

说
教
学

作文教学臆说

于永正

曾国藩不让儿子过早地作文。他认为儿童的精力应花在读书和背诵上：书读多了，需要表达的时候，自然会表达的。

窃以为，言之有理。研究表明，6~12岁，是人学习语言的最佳期。这个时期，用周振甫先生的话来说，"要死记硬背"。

只教人花钱，不让人攒钱是虚妄——"多读多背"就是攒钱。虽说钱攒多了不愁不会花，但攒钱的同时也教理财，岂不更好？所以儿童读书的同时也应学习写作，只是要求不要太高罢了。只这一点，我和曾国藩相左。

我时常回味一位英国老师教学生写诗的事。

一天，下雪了，老师说："同学们面对着窗外的鹅毛大雪，写下你的所观、所思，每人写一句。"学生们兴致勃勃地写好了，老师把每人写的句子排列起来，说："同学们，这就是诗啊！"于是学生们尽情地朗读，似乎真的成了诗人！有的学生竟高兴得躺在雪地里打滚，老师和学生一起乐。

我们的老师，太像老师了；我们上课，太像上课了；我们学生写的作文，太像作文了！

我们是否也能随意一些，有情趣一些？

我还经常回味这样一个事例：让学生画太阳，中国老师是把事先画好的一幅太阳让学生照着画；外国的老师则让学生自己想象画。如果只看一个中国小学生的画，棒极了！只看一个外国小朋友的画，糟透了！但是，在中国，几十个学生只有一个太阳；在外国，全班有多少个学生，就有多少个太阳！

由此，我想到了作文指导——我们包办得太多。作文要指导，但不应该在开始的时候。有了题目，或者有了素材，就让学生自己写。不要担心写不好，写得再差也是他自己的。作前指导越多、越细，学生个性被抹杀得就越多，文章就越发"千人一面"。所以，在很早很早以前，我就把"作前指导"改为"作中指导"了。即：等学生尝试过之后，我再针对草稿中存的问题加以指导，共性问题集中讲，个性的问题单独讲。

教作文难，改作文亦难。语文老师案头上的一大摞作文本，是压在老师身上的一座大山。

很早很早以前，我就把这座山推倒了半个儿——作文写好后，我先让学生互改，谁和谁互改，是我指定好的作文水平高的前几名和作文水平低的后几名互改。互改时，先改错别字，再把值得欣赏的句、段画上波浪线，并写上理由；接着找出需修改之处，作上记号，并相互商量商量怎么改；最后写上总批。这么一来，错别字基本上消灭了，而且有的批语很有见地。学生互改完我再改。这时，我只需浏览一下，打个等第就可以了。有的，我只写一句话："你（指改的那个学生，因为修改者要签名）改得比我好！"或者写："完全同意你的看法！"我这么一写，学生下次改得更认真了。天长日久，学生的修改能力就有了。

以上所说，不知对不对，所以称为"臆说"。

"还是读得太少"

贾志敏

20世纪70年代初，我重新走上讲台授课了。

此时，华东师范大学教育系李伯棠教授不顾年迈，经常携夫人谢老师一起来听我上课。听完后，他们总会提出一些改进意见。

记得，李老话语极少，常用地道的常州话反复说："还是读得太少！文章是白话文，学生一读就懂，何必分析来分析去的？要留出时间让学生多读课文。"当时，对李老的这番话语有些不解。日后，越来越体会到李老一语中的，一番苦心孤诣。

李老呼吁了整整半个世纪：课堂上要"书声琅琅"。然而，至今收效甚微。

阅读课上要少点"繁琐分析""无效提问"，需要的恰恰是"书声琅琅""议论纷纷"。多读，是我国语文教学中行之有效的传统。李白之所以能"日试万言，倚马可待"，是由于他"五岁诵六甲，十岁观百家"而得之。杜甫之所以"七岁思即壮，开口咏《凤凰》"，也是由于他"群书万卷常暗诵"的缘故。这个传统，我们应该继承和发扬。因此，我们在阅读教学过程中，必须重视读的训练，讲读课文一定要以读为基础，要求学生多读熟读。

读书的过程，正是咀嚼消化、吸收、储备语言营养的过程。古人说："虽有佳肴，弗食，不知其旨也。虽有至道，弗学，不知其善也。"一篇好文章，不经过反复诵读，就不能领会其深刻含义。读得愈熟，领会愈深；读到滚瓜烂熟，作者的语言就有可能转化为读者的语言，自己在写作时，就会得心应手，运用自如，所谓"读书百遍，其义自见""读书破万卷，下笔如有神"正是这个道理。

做一名有思考力的教师

现在，学生在作文时反映出的词汇贫乏，语病百出，正是由于读得太少，背得太少。要解决这个问题，除了加强基本技能训练之外，还得要求学生多读多背。

"多读"不是指读的活动简单重复，读有质量标准：正确、流利、有感情。所谓"正确"就是用普通话，发音清楚响亮，不读错字，不丢字，不添字，不唱读，不重复句子；所谓"流利"，就是在正确理解的基础上速度接近于说话，避免不必要的重复；所谓"有感情"，就是读得生动感人，要读出重音，遵守停顿，运用适当的语调，要有适当的速度和节奏，朗读是默读的基础，默读速度快，应用范围更广。

教师要加强对学生读的指导。精心设计课堂教学全过程，要做到每读一次都要有明确的目的和要求，每读一次就要提高一步。好书不厌百回读。一篇好文章一定要让学生熟读深思，直到背诵。

但愿同人们都记住李伯棠教授生前的劝诫："还是读得太少！"

想象一定要合理吗

李振村

想象要合理，这是我们对学生作文的一个基本要求，在我看来也是一个十分怪异的要求。

想象能够合理吗？合理了还叫想象吗？孩子还没开始想象我们就先要求合理，让他如何充分展开想象的翅膀？

我的感觉是，合理的事情不需要想象，所谓合理，就是符合逻辑和规律的，要么是已经存在的事实，要么是经过推理可以得出正确结论的事实。而想象的肯定不是现实存在的，不是经过逻辑推理能够产生的，肯定是有违"常规"的。孙悟空摇身就有七十二变，纵身一跃就是十万八千里……这些描述虽不合理，但却神奇而迷人，孙悟空因此而为一代代读者所喜欢。若依想象要合理的标准，这个世界的童话、寓言、神话等，差不多都要判死刑。

我听过一位老师上的童诗创作课，上得非常好。

老师提供两只蚂蚁的图像让孩子想象：这两只蚂蚁在干什么呢？有个孩子想象两只蚂蚁在踢足球，老师给予充分肯定，并把孩子的话记录下来，组合成诗句。最后，有个孩子说："两只蚂蚁在游泳……"老师认为蚂蚁是不会游泳的，这个想象不合理。又一个孩子说："一只蚂蚁是盲蚂蚁，另外一只是导盲犬，在引导它行走……"老师说，这也不行，蚂蚁和导盲犬是两个不同的物种。

课后我问老师："你说大自然中的蚂蚁不会游泳，那蚂蚁踢足球也不对啊，大自然中的蚂蚁会踢足球吗？"老师说："蚂蚁是可以叼小沙粒的，几只蚂蚁叼小沙粒就可以想象成在玩足球，这是合理的。"

我说："如果这么较真的话，令人惊奇的想象就不存在了。

蚂蚁当然不会游泳，但蚂蚁也绝对不会踢足球。既然把蚂蚁人格化了，就要允许儿童的想象突破蚂蚁的动物特征。孩子把一只蚂蚁想象成盲蚁，一只想象成导盲犬，多好啊，这是伟大的想象，而且充满了爱的精神……"

想象要合理，无疑是想象的"镣铐"。在这种"规范"下，孩子的想象作文里就只有逻辑，只有合理，而没有了独特的创造，没有了奇思妙想。据国外有关机构对 21 个国家进行的调查，中国孩子的想象力排名倒数第一，大概就跟这有关。

假如让孩子插上想象的翅膀自由飞翔起来，你会发现，每一个孩子都是语言的天使。前外交部长李肇星记录了自己儿子的一些童言童语。我们来看看一个三岁的孩子，没有受到污染的想象力是怎样一种状况。

"吃包子时包子咋流油呢？"他自问自答，"对不起，是我把它咬痛了，它哭了。"

"为什么雨点往下掉，不往上掉呢？""因为往下掉有地给接着，地是雨点的妈妈。"

"为什么会打雷呢？""黑云脾气坏，爱吵架。"

"月亮为什么有时胖，有时瘦呢？""它有时听妈妈的话，好好吃饭；有时淘气，不好好吃饭。"

"长颈鹿脖子怎么那么长？""因为它老想吃树顶上的叶子。"

多么鲜活，多么有灵性！并非李肇星的儿子比我们的孩子聪明，每一个孩子，如果留意他上小学前的童言童语，你都会被他灵性的话语所感动。但是，这么有灵性的语言，到了小学为什么就不见了呢？

语文课的光芒

谈永康

那年我教二年级。

规划新学期教学时，我把"给学生读书"列入了课程内容，"命令"自己每天语文课抽出 5 分钟，给学生读书。

9 月 19 日，第一次。我说：从这一周开始，我为大家朗诵，请大家"听书"。孩子们居然欢呼起来！

我把"安徒生"三个字工工整整写在黑板上："安徒生是伟大的童话作家。请大家用崇敬的语气齐读这个名字。"

熟悉的名字，孩子们却读得非常兴奋。

我给孩子们读的是《夜莺》。起初还有说话的声音，很快就鸦雀无声了。读着读着，我进入了状态，每晚给儿子读故事的感觉复活了。孩子们屏息静听，仿佛在倾听真夜莺婉转的歌声。

"夜莺的歌声使皇帝感动得流下了眼泪。他把金软鞋奖给夜莺，可是夜莺却说：'你的眼泪是对我的最高奖赏。'"

孩子们专注倾听的表情，就是对我最好的奖赏。

下课铃响了，孩子们依然一动不动坐在那里，求我继续读，继续读……

童话读完了。孩子们开始鼓掌，大力鼓掌。我说："下周为大家朗读《木偶奇遇记》。"又是一阵欢呼！

走出教室，我感到从未有过的踏实、快乐。

半年后，洁白的玉兰花在窗外怒放，我开始用语文课给孩子们讲故事。未曾想，这一讲就是十多年。

一开始，讲述孩子们身边的芝麻小事。一年后，尝试主题系列故事。比如，3 月 25 日是奥林匹克运动会纪念日，这一周都讲体育故事，包括《"战神"巴蒂斯图塔》《我敬重小巨人》《宽容的涅莫夫》等。故事激发了孩子们浓厚的兴趣，他们搜集了介绍体坛巨星的图片与文字，班里掀起了体育明星热。"二战""友谊"等主题的系列故事，均有不错的反响。

之后，我又让孩子们上台讲，每周一个专题。他们精心准备，打印讲稿，讲演后还发到学校网站上分享交流。有时候，孩子们讲了，我再登台同题演讲，比如《我有一个梦想》。

德雷莎修女说过："我们无法在人间做大事，我们只能用大爱来做小事。"

叶澜先生也说："教育是一个使教育者和受教育者都变得更完善的职业，而且，只有当教育者自觉地完善自己时，才能更有利于学生的完善和发展。"我深以为然。

给孩子们读书，讲故事，都是小事，却值得我们用一生去做，在做这些小事的过程中自觉地完善自己，也促进学生的完善和发展。

好些年过去了，我的语文课因为这样的小事，闪耀着不一样的温暖的光芒。

22 年前的课本

姜晓燕

我把一本很旧很旧的书带进了教室。

"孩子们,这是我读小学六年级时用过的语文书。"我对他们说。一听到这,他们个个目瞪口呆:"该有 22 年了?还保存得那么好?"

"姜老师,这真的是你小学六年级用过的语文书吗?真的是吗?"孩子们难以置信,反复地问。我默不作声地打开书的扉页,上面用钢笔写着大大的三个字——"姜晓燕",旁边还有我用毛笔写的隶书名字。

"姜老师,你以前的字就很工整、漂亮,跟现在比,好像没有什么变化呀。"孩子们敏锐地观察着,发表着他们的意见。我回答道:"是呀,一个人写的一手字会跟着他一辈子的,所以怎能胡乱地写呢?"

"姜老师,再往下翻给我们看看。"孩子们提议着。

我翻到第一篇课文,课题叫《三人行》。"这篇课文我没有读到过,姜老师能给我们念念吗?"孩子们天生就有强烈的好奇心。"好啊!"

我大声朗读这篇描写红军过草地的文章。那个年代,对现在的孩子来说,已是很久远了,那样的艰苦岁月,他们一时还无法深刻地了解与体会。但是他们静静地听着,用内心深处的声音去化解这份隔膜。

读完后,我又把书展示给孩子们看。"姜老师,你的书上有这么多笔记啊?"孩子们迫不及待地问。"是呀,我读小学六年级的时候遇到了一位很好的老师,他姓王。王老师上课很幽默,而且,还常常说一些很'哲学'的话。我爱听这样的话,马上就记录了下来。"我和他们分享我的故事。

"姜老师，你小学时学的课文和我们现在读的课文不一样吗?"又有孩子提问了。"不是。"我把书翻到了《卖火柴的小女孩》一课，指着插图问:"认识她吗?"孩子们异口同声地说:"认识。""像《卖火柴的小女孩》这样的课文，不仅我小时候学过，而且你们的爸爸、妈妈，可能都学过或者读过。像这样经过时间长河洗涤过的好文章，我们就称为'经典'。"我在黑板上板书"经典"两个字。

接着我又把老课本翻到了《凡卡》《养花》《景阳冈》。他们一次次兴奋地喊着:"这篇我们学过……这篇是经典……这篇我也还记得……"在他们兴致高涨的时候，我推波助澜，给他们看我在多年前写在老课本上的"批注"。

第一句批注:"卖火柴的小女孩真漂亮，仿佛是一个美丽的公主。"

第二句批注:"卖火柴的小女孩有着公主的外貌，却没有公主的命运，她有的是一堵又厚又冷的墙。"

第三句批注:"安徒生写到《卖火柴的小女孩》故事结尾的时候一定哭了，稿纸上都是他的泪水。"

孩子们看着我小学时写的批注，乐不可支。我懂他们，他们觉得我写得"太幼稚"。于是，我故意问:"你们在笑什么?""老师，这哪是批注呀? 都是大白话。"孩子们诚实地告诉我。"我小时候写的批注的确都是大白话，但这都是我读书时心里想到的真实感受。"我望着他们，郑重地吐出每一个字。

"老师那时候写批注就是'不动笔墨不读书'。""这是姜老师平时对我们说的'用心去读书'。"学生们继续议论着。太对了! 阅读，本身就是一件很愉悦、很享受的事情。每一次阅读，如果能把自己的感受及时用端正的字迹写下来，就是一段美丽的成长足迹。这正是我把老课本带进教室的原因。

教语文，就三件事

叶根娟

近年来，小语界众声喧哗，不禁让人感叹，真不知道语文该怎样教了。正逢于永正老师来学校指导。他听了我们学校低中高年级三节课，采用了"随时叫停"的方式进行研讨，又上了一节示范课《高尔基和他的儿子》。

他始终平和地微笑着，说："教语文，没那么复杂，就三件事——读书、写字、作文。这三件事做好了，语文不好也难。这三件事做不好，语文要学好也难。"

于老师是这么说的，也是这么做的。

于老师在听学生朗读时，学生读得有些矫揉造作，于老师轻轻地说："不要读得这么卖力，自然一点好。"听课的老师会心地笑了。学生也笑了，又读了一遍，大家都觉得这样的朗读更贴切，更动人。类似这样的一些引导语，于老师的课上经常出现，于老师穿插得极为自如，一点不觉得生硬。"要注意句与句的停顿，段与段的停顿，没有停顿，便没有思考和想象。""你们读得非常投入，你们的表情和你们的声音告诉我，学习需要交流。"……

我常常想，于老师没有"针脚严密"的教学详案，他是把课备在心里，心里装着学生，心里想的是自然地引着孩子读好。所以他的课特别贴近学生，舒缓、亲切。再看于老师教写字。在于老师的课堂上，一定会留足时间让学生写字，把字写好。这和于老师酷爱书法有关系，更与于老师深谙语文学习的规律有关系：学语文，一定要传承中国汉字文化，把字写好，这是根本。他在课堂上这样点拨："我最喜欢这个字，如果改造一下就更好。"然后示范写竖弯钩。让学生来比一比，是否比原来更漂亮了。再如书写生字"妻"，提出"一看二写三对照"，他风趣地说："这个'妻'字端庄、大方，四平八稳，爱上她了吗?"在一片欢笑声中，学生写好了字，也悟着了门道。

在于老师的课堂上，无论是读还是写，教师的示范作用都被发挥得淋漓尽致。

小学高年级语文课堂常常有写阅读批注的教学环节，于老师是怎么引导的呢?"哪一句话引起了你的思考? 写一写。"学生写的时候，于老师俯下身来，耐心地一点一滴地指导着。写完了，于老师拿出自己写的与孩子们一起交流分享。"儿子多么懂事，多么勤劳! 正因为前面的'各种各样'才有了后面的'姹紫嫣红'，这就是前后照应。"

孩子们因此从于老师身上学到的东西很多，有读写习惯、书写品质、语文学习方法，还有做人的道理："给永远比拿愉快，高尔基就是一个这样的人，我也努力这样做，虽然退休了，但还要发挥余热。"

课堂最后的环节里，于老师让大家替高尔基的儿子给爸爸写一封回信。指导交流完毕，于老师出示了自己所写的回信，让学生评评"你认为老师的信，哪一点值得欣赏"，随后叮嘱大家："书是读出来的，字是练出来的，文章是写出来的，多读书、多练字、多写作，语文就没有学不好的。"

说
教
学

从外孙女讲故事说起

于永正

    这两天，六岁的外孙女盈池在练习讲故事——《猴王出世》。这是老师布置的一项寒假作业。昨天下午，她主动要讲给我听——可能她以为准备得差不多了。

    一讲，果然不错。很神气，语感也好，每句话都好像出自她的心里，一点也没有"背"的感觉。我女儿说："前几天，只是把这个故事念了几遍，她听后便记个差不多。表情、动作没有刻意去要求她，大都是她自己心里流出的。"

    我想起盈池五岁时给我念书的情景。一篇近千字的童话故事，她竟能读得流畅、自然，有几个不认识的字，竟也"蒙"对了。如"无可奈何"的"奈"字，她不认识，但看到"无可"和后面的"何"字，马上就把"奈"读出来了。原来，她的"语言库"中有"无可奈何"这个词。

    我又想起她上幼儿园的一件事。一天下午放学，她爸爸去接她。她跑出教室后，发现后面跟着跑出来几个小朋友，她说："这是我的爸爸，又不是你们的爸爸，你们跟着出来干什么？真是不可思议！"那时，她才三岁。

    她说的话让好多人吃惊，说她有"语言的天赋"。其实不是。

    她刚出生，我就对女儿说："你要按照吉姆·崔利斯说的去做——每天为她朗读二十分钟的书，不要间断。"

    吉姆·崔利斯是《朗读手册》的作者。他用这种方法（每天给孩子读二十分钟的书）取得了很大的成功。吉姆·崔利斯把他的成功经验以及别人运用他的方法同样取得成功的经验写成了一本书，书名叫《朗读手册》。

    我女儿很听话，一直到现在——孩子上小学一年级了——

还天天给盈池读书。盈池也养成了习惯，每天睡觉前会主动要求妈妈为她读书。

听，是"习得"语言的渠道，也是训练语感的有效途径。儿童的语言越丰富，语感越好，理解力、表达力就越强。吉姆·崔利斯说，他的两个孩子一入学，听讲特别专注，为什么？因为孩子的语言储存量大，老师说的话他们能听懂。的确如此。盈池从幼儿园到小学一年级上学期，老师的评语中也都有这样的话："上课听讲很专注。"她的语言丰富、表达力强也就不足为奇了。

儿童能认字了，要从书本中学习规范的书面语言，这叫"学得"。"学得"语言靠朗读。为什么？一者，儿童的思维靠有声语言进行；二者，读出声音来，大脑就多了一个接收信息的渠道——耳朵。默读，只有一条渠道——眼睛。朗读有助于记忆，有助于语感的形成，也有助于理解。

有人研究，一个人能把课文读得正确、流利、有感情，课文的规范语言就基本上属于他了。这个结论非常重要！朗读不仅能留下语言，还能留下能力、情感等，它的作用大得很。

我为什么说，教语文其实很简单，就是多读、多写？就是因为语文课程的教学目标，说到底，就是教学生学语言、用语言。

公开课，到底为了谁

孙双金

我是从无数次公开课、观摩课中走出来的特级教师。我也曾无数次地问自己：观摩课让教师观摩什么？公开课到底是为了谁？

在以前的公开教学中，我非常关注自己的形象，非常关注自己精巧的设计，非常关注课堂教学的气氛，甚至设想哪一个环节将会出现热烈的掌声。这样我一路走来，也获得了很多掌声和喝彩。时常听到年轻教师对我说："孙老师，我们是听着您的课成长的。"我也曾满足过、陶醉过。

但随着思考的深入，随着年龄的增长，随着看到现在教师眼花缭乱的公开课，我不再陶醉，不再自足，开始警醒，开始反思了。

反思其一，公开课的作用是什么？我认为不外乎两点。一是它的示范性：给青年教师作示范，教他们怎么上语文课。因为有示范性，所以一招一式要规范。板书要工整美观；教态要自然大方；语言要生动有趣；朗读要字正腔圆，入情入境。二是它的引领性。公开课的最大价值在于对全国教学改革走向的引领。例如当下语文课如何跳出内容分析理解的老路，转向引导学生学习语言、品味语言、运用语言。

反思其二，观摩公开课的主体人群是哪些？我每年参加众多观摩课教学。人数少则几百，多则四五千，听课老师以青年教师为主体。说句大实话，有一部分的青年教师对如何观课、赏课、议课研究较少，个别人还停留在看气氛、看花样、看新鲜的浅表层次上。我以前听课有一个习惯，必须先了解讲课者讲什么课，然后自己作充分的备课思考：假如我上这篇课文该怎么上？然后走进别人的课堂，边听边对照，人家哪里设计得比自己高明，哪里设计得不如自己。这样的听课是研究性听、比较性听、欣赏性听。我相信有一部分年轻教师会这样做，但今天这样的教师还有多少呢？我有些担心！有的人甚至听课之前连课文都没来得及看过一遍，又怎能对别人的课作深入的评析呢？

然而无情的现状是，这样看表象的教师占了一定的比例，成了"看热闹的大多数"。一些上公开课的教师就开始迎合他们，在外在形式花样上做表面文章，追求表演效果、现场效应，以赢得些喝彩和掌声为满足。对此现象，我深感忧虑。

公开课教学，面对的是学生。我认为，公开课教学生第一，这是不容动摇的！不能因为换了一个大场子上课，下面坐着几千位教师，就变成了观众第一、学生第二了，教学就变成表演了。

公开课，你为了谁？当然是为了学生，这是理直气壮的答案！有了这标杆，那么我们就要思考那些公开课：执教者哪里启发了学生的思维？哪里唤起了学生的想象？哪里发展了学生的语言？哪里提升了学生的语感？而不再是仅仅关注：哪个教师课件画面美？哪里运用了好听的音乐和视频？哪里运用了一连串的排比句？哪个环节现场响起了掌声？我希望教师们多在学生思维语言发展上下功夫，少在展示自己才艺上做文章！少一些表演的成分，多注重教学的规律。

那种表演式的，作秀式的，花拳绣腿式的公开教学该休矣！

奇迹的背后是常识

蒋军晶

  雷夫·艾斯奎斯，美国霍伯特小学五年级教师。霍伯特小学中很多学生家庭贫困，且大部分来自移民家庭。可就是在这样的环境下，雷夫创造了轰动全美的教育奇迹。

  2012 年，雷夫来到中国。我带孩子们去见他。当时见面的场景令我终生难忘。舞台上，雷夫一看到孩子，立马单膝跪地，200 多斤的身体很努力地弯曲到和 12 岁的孩子等高。雷夫在闪光灯下和孩子一起笑得灿烂如花。当时我就觉得这个老师是值得信任的，因为他那么自然本能地为孩子弯腰蹲身，他看起来就像个老师。

  雷夫确实值得信任。他一上来就说："我的成功是没法复制的。"这让那些"追星族"或多或少有些失望。因为在他们眼里，雷夫是"神"一样的存在——带孩子们旅游、表演、踢球、唱摇滚，学生们的考试成绩却依然那么牛。他们认定雷夫有秘籍，有绝招。掌握了秘籍，拥有了绝招，学生就能轻轻松松地学，老师就能轻轻松松地教。

  可是雷夫说他的学生学得并不轻松。

  他每天早上六点到校，六点半开始为学生辅导，辅导将近两个小时；然后他要孩子花 90 分钟时间读名著；接着他让孩子做一张语法练习，考不到 90 分，必须重做；下午三点半到五点半，他再和孩子们排练两个小时的莎士比亚戏剧。这份时间表意味着什么？意味着孩子每天要花 4~6 个小时来学习英语，这还不包括每个礼拜要看两部电影，看完了还要写观后感；不包括每年要写一本属于自己的书。记住，这仅仅是学习英语。

  雷夫说他教得不轻松。

  是的，在雷夫的同事眼里，雷夫简直就是个疯子。他每天在学校连续工作 12 个小时。他每天早上五点多就起床，晚上六点半回到家。一周他有三天工作到晚上十一点，有两天通宵。双休日半天陪学生，半天备课。他用超负荷的劳动支撑每天 12 个小时的课程。

如果你认为雷夫是成功的，那么你就是在认同一个常识：教育是没有快速道可走的。如果要让你的孩子在学业上出类拔萃，优秀于同龄人，唯有高要求、高投入。

或许有人觉得我在质疑、消解雷夫，想把他从神坛上拉下来。完全错了，雷夫永远是我最佩服的一位老师。雷夫最牛的是，他让孩子乐在其中。是的，如果雷夫设计的课程让孩子觉得很无趣、无聊，孩子们将度日如年，甚至是一种教学上的迫害。恰恰相反，雷夫的学生们乐此不疲。莎士比亚戏剧课程、电影课程、摇滚课程、旅游课程、理财课程……雷夫用直觉、经验、热情、勇气开发着孩子们喜欢的课程。

如果你要让孩子将更多的时间、智慧投入到学习中，你必须让孩子觉得学习是有趣的、有料的、有意义的。这又是一个常识。

但是，教育实在太复杂，复杂到我们每一个人不能完全说清楚，正当雷夫的学生每天 10 小时甚至更多时间狂热沉浸在雷夫设计的课程中的时候，华德福学校的孩子却以更闲散自由的方式在学习：种树、养动物、锯木头、上适量的学科课程、游戏、发呆……

雷夫对此是有警觉的，所以他一个班只教一年，他永远教五年级。他可以为此提供很多解释。但我的猜测是——他隐隐约约地感觉到，他所设计的这种高强度课程，不能过度拉长，他怕自己掌控不住，把握不了，哪怕如他这般热情、智慧。

人是不能总是处在一种高强度的、设计好的学习中的，哪怕这种学习被设计得接近完美。对于人的成长来说，这或许也是一个常识。

说
教
学

老师，您手里的红笔充满魔力

罗树庚

　　我经常走进老师们的课堂，听随堂课、调研课。但我发现一个普遍现象，不论是语文课还是数学课，很少有老师会拿出红笔当堂批改学生的练习。尽管老师们也在走动，但极少一边巡视一边批改。每次听完课，我都会提醒老师：老师啊，千万别忘记使用你手里的那支充满魔力的红笔呀！

　　我是 20 世纪 70 年代末 80 年代初上的小学。那时候，做学生的哪有条件买红笔啊，老师手里的红笔在我们心目中简直就是"神笔"。课文背完了，老师大笔一挥写下一个"背"字，会让我们激动好一会儿。我们背一课，老师签一课，一本书里写有二三十个"背"字。因为有老师签下的红色"背"字，这些读过的书，我们怎么也舍不得丢弃。

　　后来，我当了老师，我深知老师手中的红笔在学生心中的魔力。课堂上，我特别喜欢随堂批阅学生的作业，特别喜欢在学生书上打五角星，签"背"字，写"优"字。语文书上，每课后面都有生字表。课堂上，学生或描红，或仿写。我在巡视过程中，特别喜欢给学生画圆圈、打五角星，以示鼓励。孩子们在我的鼓励下，字写得一个比一个好，下课了还跟在我后面，希望我能当面给他们批阅。

　　早读课，背书也是这样。每天早读时，只要我定一个目标，孩子们便会忘我地、投入地背诵起来。我特别享受孩子们那琅琅的书声。我知道，他们这么投入，都是因为我大笔一挥签下的那个鲜红的"背"字。

　　可是，不知从何时起，我发现老师们不太重视手中充满魔力的红笔了。许多老师喜欢到市场上买一些卡通图章，用盖章的方式评判学生背书、写字以及作业的情况。学生书背完了，也不用到老师这里盖章了，因为盖卡通图章的工作已经交给学生干部了。低年级语文书上每一课后面都有生字描红、仿写的练习，我发现老师们也基本不批阅。负责一点的老师采用盖章来评判，而相当多的老师则任由学生练习，不予评判。偶尔上公开课，或者有其他老师听课时，老师们才会挑选个别学生的书本作些展示。语文老师是这样，数学老师也是这样。因为比较普遍，我便特意留心这个问题。

当我把自己的想法说出来时，很多老师有些不以为然，觉得我的观念有些陈旧、落伍。他们说用盖卡通图章的方式更符合时代潮流，起到的激励作用是一样的。其实不然，学生具有"向师性"，他对老师的一言一行都特别在意。在学生心中，老师是偶像，和明星具有同等地位。学生捧着书到老师这里签"背"字，不亚于在明星、大腕前排队等待签名。另外，课堂上老师边巡视边批改，有一种即时激励效应。在这种效应的作用下，学生往往会出现后一个字比前一个写得好的现象。长此以往，学生的书写习惯以及书写水平都会显著提高。

传统的方法不一定意味着过时。老师们，拿起你手中充满魔力的红笔吧！课堂里，你在走动时，随时打下的一个对钩，画下的一个五角星，签下的一个"背""好""优"，那都是激励学生的一把把小锤，它会轻轻地叩击学生心灵的琴弦，领着学生朝前走。

说教学

一位乡村教师给我们的课程启示

杨文华

　　湖南省桃源县茶庵铺中心小学，一所海拔1 100米的山坳小学，交通极为不便，办学条件十分艰苦，学生大多是留守儿童。

　　就是这样一所偏僻小学，孩子们却拥有城里孩子都羡慕的学习生活。因为，他们遇到了一位不平凡的老师——敖双英。

　　每天清晨，敖老师都带着学生晨练，晨曦中与他们的身影一同飞扬的，还有琅琅的诗歌吟诵声。傍晚时分，则是静心阅读时间。除了完成国家规定的课程内容，敖老师还为孩子们开发了丰富的"班级特色课程"——

　　"书信课程"：留守儿童想念在外打工的父母，需要情感寄托，需要表达交流。书信课程架起了孩子与父母交流的桥梁，缓解了他们的孤独感，满足了他们的交流需要，也提高了他们的写作能力。后来，孩子们开始与外地小朋友通信，结交了山外的朋友，了解了山外的世界，拓展了生活空间。

　　"大自然课程"：山村美丽的自然风光、特有的生活情趣，都是城里难以寻觅的课程资源。只要有时间，敖双英就带领孩子们走出校门，观察家乡的山川草木，了解四季农时和节气变化，阅读大自然这本无字之书。

　　"童书共读课程"：敖双英每周都安排"师生共读一本书"的活动。六年时间，孩子们每人读书都在1500册以上，其中师生共读的就有200多册绘本、60多本文字图书。

　　"艺术课程"：周六、周日，很多孩子都愿意留在学校。敖双英为孩子们开设了表演、舞蹈、剪纸、手工、泥塑、童话剧等艺术课程。

　　此外，还有游戏课程、劳动课程等丰富着孩子们每天的学习和生活。

通过敖双英老师的长期坚持，这群山村孩子变了，变得阳光开朗、健康活泼、品质优秀、积极向上……

敖双英老师只是一位普通的山村教师，头上没有名师的光环，更算不上什么课程专家，但她的课程实践却能带给我们很多思考——

在很多人的观念中，课程就是课本，就是书本知识。老师必须把这些知识教给孩子，就算完成任务了，至于孩子喜不喜欢，对他们的成长有多大作用，却很少关注。敖老师关注更多的则是孩子们的成长需要。晨练、书信、山川小溪、农时节令，凡是有利于孩子健康成长的资源，都纳入了她的课程视野。敖老师的课程实践告诉我们：课程是应该为孩子而存在的，适合孩子成长需要的才是最好的课程。

要想让孩子拥有更丰富的课程，老师就不能满足于单单做一个课程的实施者，而要成为课程主动的开发者。国家课程只是一般要求，而不同地区、学校、班级的孩子是千差万别的，这就需要教师能从学生发展实际出发，创造性地开发、整合课程资源，开发出适合自己班级孩子的个性化课程。山东潍坊的韩兴娥老师用一个月的时间教完语文教材，然后带领孩子"海量阅读"，开辟了一条语文教学的快车道。敖双英老师在闭塞、艰苦的环境中，就地取材开发适合山村孩子的系列课程，同样让山里的孩子享受到了学习的快乐和童年的幸福。

她们的成功实践告诉我们：只要你有一双善于发现的眼睛，无论身处什么样的环境，都可以找到适宜的课程资源；每位老师都具有开发课程的潜能，关键是要拥有强烈的课程意识和敢于探索的勇气。

上课好比烹小鲜

徐　俊

　　恐怕受当厨师的父亲影响，我从小就对鱼、虾、蟹，瓜、果、豆感兴趣，乃至后来，别人说我烹饪比上课更专业。

　　例证有二：20世纪90年代上师范的时候，我订了多份杂志，有《小学语文教师》《小学数学教师》《咬文嚼字》等，还有一本竟是《中国烹饪》。五年前，我参加省小学语文学科高端教师项目研修，在山中"闭关"一周。山里条件艰苦，没啥吃的。我自告奋勇租借宾馆厨房，为学员们做了一个星期消夜，众人满心欢喜。在结业典礼上，大家推我作代表上台发言。言毕，掌声雷动。导师戏说，只有热爱生活的人，才能上好语文课。

　　虽说是笑谈，不过，我觉得烹饪和教语文真是一个理儿。古人尚且知道"治大国如烹小鲜"，语文老师怎能不明白上好课亦如"烹小鲜"呢？

　　烹饪有其流派与风格：粤菜、徽菜、淮扬菜等。语文教学也有情境语文、诗意语文、情智语文等各种流派与风格，但不管是何种流派、风格，都讲究因材制宜、因人而异。倘是好菜，必是色、香、味俱全，食客趋之若鹜，门庭若市；若是好课，必是追求学生听、说、读、写能力的发展，只不过会因教材和学生的不同，选择不同的教学方式。倘若教师只钻研一种风格或流派，并刻意彰显，哪怕自身素质再好，教学技艺再精，也算不得好教师。试想，说明文如何上出"诗意"？议论文如何上出"情境"？

　　贾志敏老师认为，语文课就是让学生好好"学读书"，好好"学说话"，好好"学写作"。我谨记之，并告诫我的弟子：一流的课读读、说说、写写；二流的课分析、讨论、感悟；最差的课声、光、电，如演戏。若不懂此理，不仅糟蹋了教材，更是在浪费学生的生命，这仿佛就是将最鲜活的生命给腌渍了，好可怕！

多年的语文实践让我明白，不同的文本都有它的原生价值和教学价值。我们要做的，首先是发现其对于发展学生学习生命、言语生命和精神生命而言的价值所在；其次是以教材为例子，选择合适的语言范式，引领学生进行听、说、读、写的实践；最后是在听、说、读、写的过程中，让文本蕴含的人文内涵水到渠成，直抵学生内心，并以习得的语言形式表达出来。当然，不同风格的厨师面对不同食客，用同样的食材会做出不一样的味道；不同的老师面对不同学生，同样一篇课文，上出来的课也是不一样的。这种现象，在"同课异构"的教研中尤为突出。

烹饪讲究食材的搭配和处理，但不管如何处理，都是为了保全其最鲜美的味道和最精华的养分。上课则讲究教学内容的选择。童话、寓言、神话、散文、诗歌、小说、古文、诗词，文体材料不一样，文本的处理和教学内容的选择当然不一样。有意识的教学，应该是为学服务的，老师应该时刻有学生意识、学的意识。这才是关键之所在。

话说回来，烹饪艺术的讲究很多，但最根本的就是味道好、营养好，而不在花样有多少；语文教学艺术的讲究也很多，其根本则在于让学生读好书、说好话、写好字，而不在技巧有多丰富。

说教学

话说"简单"

贾志敏

　　有一个人去应聘工作。他将散落在走廊上的废纸捡起来，随手丢进了垃圾箱。这一幕恰巧被路过的考官撞见，他因此获得了一份美差。原来，想获得别人赏识很简单，养成好习惯就可以了。

　　有个小弟在车行学艺。一天，顾客送来一辆坏了的自行车。小弟除了将车整修得完好如初，还把车擦洗得漂亮如新。学徒们笑他多此一举。车主将自行车领回去的第二天，竟把小弟也带到自己公司上班去了。这着实让师兄、师弟羡慕不已。原来，想改变命运很简单，多为别人着想就可以了。

　　有个小孩对母亲说："妈妈，今天你好漂亮！"母亲问："为什么？"小孩说："因为妈妈今天没有生气。"原来，要变漂亮很简单，只要不生气就可以了。

　　有个牧场主叫自己的孩子每天在牧场里辛勤劳作。朋友对他说："你不让孩子如此艰辛，农作物照样会长好的。"牧场主回答说："我不是在栽培农作物，我是在培养自己的孩子。"原来，培养孩子很简单，让他吃点苦头就可以了。

　　有几个小孩想成为天使，上帝给他们每人一个烛台，叫他们保持烛台光亮。几天过去了，上帝一次也没有来，几乎所有的小孩都不再擦拭烛台了，只有一个叫"笨笨熊"的小孩，每天不间断地擦拭着烛台。有一天，上帝突然造访。几乎所有小孩的烛台上都蒙着厚厚的灰尘，唯独"笨笨熊"的烛台光鲜锃亮。结果这个叫"笨笨熊"的小孩被上帝带走并成了天使。原来，想当天使很简单，只要实实在在地去做就可以了。

　　有一支淘金队伍行进在沙漠里。队员们步履维艰，叫苦不迭。唯独有一个人快乐地唱着，走着。别人问："你为何如此惬意?"他笑着说:"因为我行囊最轻,带的东西最少。"原来,想快乐很简单,拥有得"少一点"就可以了。

有一位语文教师活得潇洒、自在。唱歌、跳舞、看书、习字,整天乐呵呵的,还经常和孩子们一起郊游、打球、吟诗、作画……师生关系极为融洽,所教学生语文素养颇高,考试成绩一直领先于其他班级。众人不解,有好事者问他:"老兄,这是何故?"该教师答曰:"你们都将事情做得繁杂,我却干得简单。你们上课花样多,我却没有,仅一支粉笔、一块黑板和一张嘴巴。你们喜好干'虚'的,我喜欢'实'干。其实,我们教语文的,只要做好两件事:第一,实实在在教学生阅读、写作、听话和说话;第二,让学生在阅读过程中受语言文字所蕴含的思想、文化、人文内容的熏陶感染,使语文教学真正发挥润物无声、潜移默化的教育功能。"停了一会儿,他又补充说:"你们教书是图个热闹,玩点花样,一切是做给别人看的。我是在真教,让孩子真学。没别的,简简单单教语文。"众人闻之,释然,信服也。

简单,是谋事的一种态度,是思维的一种方式,也可以说,是对待生活的一种理念。能将"复杂的"变成"简单的",那是专家;反之,把"简单的"说成"复杂的",要么是在忽悠旁人,要么就是别有用心。

人们总以为,要变得优秀,就必须学会复杂。其实不然,做好最简单的、最本质的,往往就是最成功的。

说
教
学

重在"转化"

于永正

　　一天，一位校长对我说，从 2008 年至今，他学校的老师几乎"轮训"遍了，有些骨干教师不止一次参加过"国培班"。有些老师变化很大，效果显著；但有些老师进步不大，教学中依然故我，重复着昨天的自己。

　　这确实是一个值得思考的问题。

　　今年春天，我给山东聊城第三批弟子写了一封信。在信中，我谈了对这个问题的思考。我对弟子们说："你们拜师已经三年了。三年中，你们听了我不少课和报告，也读了我的书，师傅的这两把'刷子'你们都知道了，今后就看你们的了。看什么呢？看你们的'转化'能力。看你们能不能把师傅的理念、经验转化为自己的教育教学行为。孔子说，'见贤思齐'。能把所有贤者的好东西汲取过来，演绎出属于自己的故事，这就是'转化'。"

　　1984 年，中央教科所的潘自由先生，徐州市教研室的张庆、张朝俊先生几乎同时在不同杂志上发表了有关言语交际表达训练的文章。他们提出：交际性是语文的最本质属性，说、写的训练要从社会生活实际需要出发，要为社会生活言语交际的实际需要服务。我在全国带头将诸位先生的思想付诸实践，进行了长达 11 年的实验，取得了丰硕成果，其中"口语交际"部分已写入国家《义务教育语文课程标准》。此后，我又把阅读教学也纳入"言语交际"的范畴。2014 年，我们的"言语交际视野下的小学语文教学"实验成果荣获国家级教学成果一等奖。

　　我工作不久，便读到了叶圣陶先生关于"下水文"的论述，觉得很有道理，加上本人喜欢写作，于是，备作文指导课，先写篇"下水文"，三五百字的小文章几乎一挥而就，写完了读一

做一名有思考力的教师

读，觉得挺有意思。等学生写好了，师生相互交流，共同分享各自写的文章，真是别有一番趣味。从这个角度总结我的作文教学，就是四个字：师生同写。这种做法一直坚持到现在。

学习了课程标准，认识到"教学就是教师、学生、教材、编者四者之间的对话""老师是对话中的首席"后，我变"教学"为"学教"——课堂上更加民主，师生更平等，老师不再"居高临下"。为了做好"首席"，我在教材的把握上，在写字、朗读、表达等方面更加用心，力求成为学生的榜样，成为合格的引领者。

转化有两种。一种是把理念转化为行为，上面写的两个例子即是。把理念转化为行为，需要创造，要付出相当的脑力、精力和体力。另一种是把别人的经验转化为自己的教学行为。这种转化比较容易，只要愿意做，谁都可以收获成功。

举个例子来说吧。课程标准讲老师要有课程意识，要建构自己的课程。这就要求教师要压缩语文课本的"授课时间"，开发属于自己的课程。这方面，有很多的经验可以借鉴。山东韩兴娥老师用一个月的时间就把课文教完了，其余的时间就带着学生"海量阅读"。我们用半学期把课文教完行不行？余下的时间教自己的教材。我的好多徒弟按韩兴娥老师的办法去做，都取得了很好的效果。

在培训中，得到的"好箭"总得射出去，所以老师们要练"射箭"的本领。这种本领不可能在培训班上获得，只能在实践中练就。这种"射箭"的本领就是"转化"。"转化"最重要。

好多有为的青年教师请我题词，我题写最多的是："要善于把先进的理念、经验转化为教学行为。"这也是我想对全体语文老师说的话。

说
教
学

听课的艺术

孙双金

听课，是老师最为常见的工作。如何听专家、名师、同行的课呢？

俗话说，"不打无准备之仗"。我从年轻时开始听别人的课，必定在课前做好三项功课：

其一，知其上课题目。听课之前，我首先了解执教老师上的是什么题目和题材。是古诗，还是散文？是寓言，还是童话？了解教学内容和题材，可以就相关题材的教学做好研读准备。

其二，研其上课文本。知道题目后，马上找来教科书，对文本作深入研读。一读，了解内容；二读，明确主旨；三读，分析特色；四读，欣赏语言。

其三，思考教学思路。细读文本后，我就自己琢磨：假如我教这篇文章，会怎么设计？有几种处理方法？哪种设计更切合学生？哪种设计更独具匠心？

以上三项功课做好后，我才有底气走进别人的课堂，聆听别人的教学。有了这样的准备，我在听课时关注的就不仅仅是人家的教学设计和流程了。我更关注：他对文章的解读，哪里比我深入？哪里独具慧眼？哪里是我没有发现的地方？他对教材的重点处理巧妙在哪里？难点化解独特在哪里？当学生遇到问题时，他是如何启发、引导、点拨的？他的板书设计妙在哪里？作业布置为何与众不同？我的整个听作比较、作分析，区别异同，分辨高下。

孔子曰："学而不思则罔。"听课的过程，就是在内心里把自己的课和别人的课作比较的过程，就是思考的、分析的过程，就是取其精华、剔去糟粕的过程。

说实话，我的好多公开课选文，都是在听别人上课的过程中萌生的。例如：我执教的《泊船瓜洲》，就是在听别的选手参加大赛时萌发的。因为对文本的解读我有自己的看法，我认为这首诗的"诗眼"是"还"字，因此我紧扣"还"字诗眼，牵一发动全身，披文入情，走进了诗人的内心世界。此课一出，得到张田若、周一贯等语文名家的高度赞誉。何以如此？皆因听课前做好三项功课使然！

如何听专家的报告讲座呢？我的体会是记其要点，思其疑点，取其新点。

记其要点，就是概要地记录讲座的要点，譬如大小标题，名言警句。这是整体上把握，举其纲要。

思其疑点，就是对讲座中有疑问的地方，暂时搞不明白的地方，和别的专家讲得不一致的地方，做好记录，做些思考。一时解决不了，暂且存疑，留待报告后再作思考、检索，直到解疑明了为止。

取其新点。专家报告不可能从头到尾都是新理论、新概念、新方法，绝大部分内容都是熟知的，只有一小部分是新的思想、新的主张、新的策略。那么这一小部分就是我最有收获的地方，切莫疏忽放过。其实，听一场报告，如能收获一两点新的见解，功莫大焉！这样积少成多，听十场，有十个新思想，你的收获还少吗？

听课是学习，会听课是善学习。善学者能以少胜多，举一反三，触类旁通。望老师们都能掌握听课的艺术，在听课中成长，在善学中进步。

说教学

精彩观念：语言文字里长出灵魂

成尚荣

美国著名的教学论专家爱莉诺·达克沃斯认为，教学的根本任务不是传授知识，也不是培养能力，而是让学生诞生精彩的观念。她还认为，精彩的观念是智力的核心。

我并不认为达克沃斯的观念有什么偏颇，相反十分赞同。其实，精彩观念的形成需要知识，需要能力，尤其需要批判性思维能力。抑或说，精彩的观念就是一种批判性思维能力。而这，正是当下讨论的热门话题：学生发展的核心素养。

语文教学呢，当然亦应持守这样的理念，在重视语言文字运用的同时，更应重视让学生运用语言文字表达自己的观念，在语言文字里长出灵魂来，让精彩的观念照亮语文教学的课堂。

最近阅读中，有两个故事撞击着我的心灵，非常想与各位语文教师分享。

一是关于伦敦街头投票箱的故事。摄政公园遇到一点麻烦：游客数量急剧下降，原因是游客乱扔烟头和嚼过的口香糖，影响了大家的兴致。在紧急商量以后，公园想到了一些办法——在公园的长廊中放置精美的方桶形箱子，箱子中有两个漏斗，箱体上写着："谁是世界上最好的足球运动员？C罗还是梅西？你手里的烟头就是选票，投上一票吧！"当游客走累了，坐在凉亭下想小憩一会儿的时候，发现柱子上挂着一块板，上面是一个窄窄的屏幕，屏幕上还有一行字："知道我们每年用多少钱去清理粘在街道上的口香糖吗？把口香糖粘上去就可以看到答案了。"游客好奇地将口香糖粘到板上时，屏幕上出现了答案：5 600万镑！当下一个人将口香糖粘到板上时，屏幕上又会出现另一个问题："每年丢在伦敦街道上的口香糖重量有6吨，相当于8个红色电话亭那么重！粘上口香糖就可以看到图像了。"可想而知，公园里的游客一定有增无减，而且伦敦市政府也仿效起来，在人口密集的地方放置了这种投票箱，成了一道独特的风景线。

绝妙！这是什么？这就是精彩的观念。精彩的观念一定会有创新的行动，而创意一定会带来新的发展。语文教学，如果不引导学生运用语言文字表达自己的见解，表述自己的想法，这些语言文字又有什么价值呢？要让语言文字里长出灵魂来。

另一个故事就是"让石头长出人的灵魂"。故事写的是伟大的雕塑家罗丹。不说大家熟知的他的雕塑作品《思想者》和《巴尔扎克》，说说《加莱义民》吧。加莱市政局向罗丹订制一座加莱义民的雕像，他们需要一个大无畏的英雄。但罗丹却塑造了 6 个普通人的群像，他们自愿牺牲走向敌营时，有悲愤，有纠结，有不舍，有不平静。他们不是高高在上的享受敬仰的英雄，而是脚踩在大地上的活生生的人。当然，结局是市政当局拒绝了，因为他们难以接受。但是，历史没有拒绝，这一群雕像在艺术史中熠熠闪光，在当今仍然放出异样的光彩。罗丹，让石头长出了人的灵魂，闪耀人性的光芒，让人们获得前行的力量。

至此，应当领悟到何为"精彩的观念"了。是的，语文教学关注并臻于这一境界，应当叫作语文教育了。语文教学不让学生诞生出精彩的观念，不让语言文字里长出灵魂来，还叫什么语文教育呢？还算得上什么语文教学改革呢？真的，还是达克沃斯说得精彩。

说

教

学

精彩，历久弥新

于永正

这是20世纪80年代初，贾志敏老师执教二年级的《居里夫人小时候》一课，指导小朋友用"挑选"造句的一个教学片段。

师：小朋友，句子造好了吗？谁愿意把造的句子念给大家听一听？

生：（念）小华挑选了两个最大的苹果给爷爷、奶奶吃。

师：大家说，这个句子造得好不好？

生：（齐）好！

师：是吗？我看这个句子有点儿毛病。（老师又把刚才学生造的句子复述了一遍）谁能把毛病找出来改一改？

（全班学生无一举手）

师："两个最大的苹果"？"最大的"只能有一个呀！

生：（恍然大悟）把"两个"改为"一个"——小华挑选了一个最大的苹果送给爷爷、奶奶吃。

师：（微笑地）爷爷、奶奶吃一个苹果，显得小华多小气呀！再说，两人吃一个，你咬一口，我咬一口，也不卫生呀。（生笑）能不能把"最"字去掉，再换一个词语呢？

生：小华挑选了两个又大又红的苹果送给爷爷、奶奶吃。

师：改得多好啊！送给爷爷、奶奶两个又大又红的苹果，一人一个，可见小华的一片孝心。

相信每位读者读了这个片段之后，都会赞不绝口，深受启迪。这个精彩片段对我们的启迪是多方面的。

启迪一：语文老师要有好的语感。贾老师的语感是超一流的。这是全国小学语文老师公认的。贾老师多次对我说："语感是在大量的听、说、读、写实践中获得的。"我觉得，朗读和背诵尤为重要。有一年,我和贾老师在安徽黄山讲学,同住一室,贾老师声情并茂地把《我的伯父鲁迅先生》全文背给我听,令我惊叹不已。从那以后,备课我必先备朗读,对文质兼美的课文我也努力像贾老师那样背下来。日子一久,我也敢当面口头评改学生的作文了,语文课上也能听出学生发言、造句中的语病,并启发、引导学生去纠正了。

启迪二:语文老师要有强烈的责任感。平时,我在听课中常常发现,有的学生回答问题明明不准确,朗读课文明明有问题,造的句子明明欠通顺,老师却说"很好""真棒"。是没听出毛病来,还是心不在焉?我看多数情况下是心不在焉,心里没有学生,缺乏责任感。一般情况下,课堂上学生的错误之处要比精彩之处多。作为语文老师,我们要有强烈的责任感,敏锐地发现错误,引导学生纠正,这才是真正的教与学,这才是真正的精彩。这样的精彩在贾老师的课堂上随处可见。

启迪三:课堂上,老师要让学生有安全感。学生的安全感来自哪里?来自老师对学生的尊重,来自老师的亲切态度和鼓励、信任、期待的目光。贾老师的学生在课堂上之所以能情绪饱满,放飞心灵,思维活跃,常常妙语连珠,是因为他们有安全感。这层意思,看文字实录不如在现场感受强烈。课堂上,贾老师那种专注的神情、亲切的态度、温和的语气以及他那顺势而导的高超本领,温暖并吸引着每个学生,同时也温暖并吸引着听课老师。有时,我听着听着,仿佛也变成了一名小学生,大脑跟着动起来。

贾志敏老师敏锐的语感、高度的责任感以及他给学生带来的安全感,三者有机地构成了贾老师语文教学的独特风景,成就了贾老师语文教学的独特精彩。

精彩,历久弥新。

让学习在课堂真实发生

杨文华

听多了热闹的公开课，忽然听到特级教师林莘一堂异常安静的语文课，有一种久违的欣喜。

整堂课，都是在一种宁静的氛围中进行：老师说话很轻柔，学生回答问题音量适中，同桌互相交流也轻声细语。那种安静从容，那种和谐默契，让人感动。

这样安静的课堂里，学生的学习却实实在在地发生着。不是少数优秀学生在自我表现，而是每个学生都很投入地学习。同学间轻声讨论，认真倾听，相互学习，成为一种很自然的状态。

这样的课堂转变，来自林莘老师对当下课堂的深度思考。

尽管"课改"带来了许多新的理念，但是以教师为中心的教学方式依然盛行，学生始终处于被动地位。课堂发言总是集中在部分好学生身上，后进生一直处于边缘地带。很多老师过于追求形式热闹：声光电多媒体让人目眩；教师讲课慷慨激越如同表演；学生争抢发言，小手直举，小脸通红……如果仔细观察，会发现课堂热闹的外表下掩盖着很多问题：过多过滥的多媒体应用，挤掉了学生读书思考的时间；老师表演式的话语方式，很少顾及学生的理解感受；学生频繁举手，回答的往往都是没多少思维含量的简单问题……这样的课堂缺少一种认真读书、安静思考的氛围，表面的热闹带来的是虚假的学习。

如何让学生的学习在课堂真实地发生，如何保证每个学生的学习权利？福州教育学院第四附小在校长林莘的带领下大胆引进了日本佐藤学教授创建"学习共同体"的经验，开始了扎实有效的实验。

师生在课堂的位置变化了。课桌不再是秧田式摆放，而是

做一名有思考力的教师

围成 U 形。教室的中心不再是黑板和讲台，老师在 U 形通道上、课桌间走动，给每个学生以等距离的"关爱"。在这样的课堂里，老师不再是知识的讲授者和权威的评判者，而是学习的设计者和主持者。

课堂不再是少数优生展示的舞台，而是所有孩子共同学习的地方；课堂不再是小手直举，小口常开，而是同伴间互动，轻声讨论，安静地思考。小组内、同桌间互助合作学习蔚然成风。

课堂不再追求形式的热闹，而是追求内在的质量和效果；老师不再提那些表面花哨，实则细碎，缺乏思维含量的问题；学生也不再是老师频繁提问的应声虫。学习的过程就是一个面对挑战的过程，向富有"挑战性的问题"发起冲击，成为课堂普遍的价值追求。

教师听课、评课的关注点也变了，不再把目光集中在讲课老师身上，而是贴近学生，倾听他们对关键问题的讨论交流，观察他们学习领悟的过程。学生学习的时间是否得到保障，学生是否在真正思考、交流，每个学生是否都在参与学习，这些成为课堂评价的重要标准。

一场以学生学习为中心的课堂变革，正在四附小悄悄进行着。这场课堂变革的目的在于，为每个学生提供挑战高水准学习的机会，保证每个学生的学习权利得到落实。它的意义正如林莘老师所说："我们的课堂不是为了培养只会拿高分的学生，而是为了培养具有思考能力和合作精神的未来公民。"

如今，越来越多的教师加入学习共同体的实践中来。希望这样静悄悄的课堂变革，在更多的学校发生。

说

教

学

教儿童学语文靠的是"示范"

于永正

　　一天晚上，上小学三年级的孙女递给我一本语文书，让我签字。她说自己已按老师的要求，把《小稻秧脱险记》朗读了三遍。我说："我没听到你朗读呀，能不能再读一遍给我听听？"她坚决不肯。僵持了一会儿，我说："这样吧，爷爷朗读一遍给你听，好不好？"

　　我一朗读完，她就迫不及待地说："让我读一遍！"

　　她语感较好，读得正确、流畅，语气也比较自然，有些像我，只是小稻秧、杂草和喷雾器大夫对话的语气读得尚有欠缺。我逐一作了提示和示范，她逐句认真模仿，又把全文读了一遍。读完后，个别地方我又进行了辅导。没想到她兴致大发，还要从头读一遍！

　　此后，孙女经常要求我读书给她听，也经常主动读书给我听。

　　想当年，我上小学时喜欢朗读，还不是受张敬斋老师的影响吗？张老师每教一课必范读，还经常领读——他读一句，我们学着读一句。他那声情并茂、绘声绘色的朗读，深深地打动了我们，吸引着我们，影响着我们。至今我还能想象出他朗读时的语气和表情。老师一读完，我们一群乡村孩子便捧起书哇啦哇啦地读起来，书声鼎沸。我们的字也写得好，为什么？因为张老师的字写得好，是中规中矩的柳体。

　　语文姓语，小语姓小。"小语姓小"，说的就是"儿童的语文"。"儿童的语文"教什么？教认字、写字、读书、背书和作文。12岁以前的语文要"重积累"，读和背最重要。"儿童的语文"怎么教？简单地说，两个字——示范。模仿是儿童的天性。儿童学语文都是从模仿开始的。许多方面要模仿一辈子。语文能力强的人都有读、写的好习惯。这些人一辈子都在学语文，不停地学习别人的语言，领会别人的思想，获取营养，然后运用内化的语言和表达技巧来表达自己的思想。至于学书法，更要临摹一辈子，边临摹边想边提高。

可见，语文教学的示范不是越俎代庖，不是包办。好的示范具有启发性，能让学生发现自己的问题，产生顿悟。好的示范就是为学生立起一个标杆（目标），让学生看得见、努一把力就可以到达，激起学生的兴趣、欲望，使之欲罢不能。比如造句，老师只提供一个例句，就教死了；提供两个，就教活了；提供三个，就教聪明了。学生很可能由"三"而生"万"。

何谓好的示范？第一，示范要合乎规矩。听、说、读、写都是有规矩的，不能"想当然"随意而为。第二，示范者要有亲和力。示范者能让学生觉得可亲近，是可信赖的大朋友，就会取得更好的效果。

语文老师，备课要多在备"功夫"上下"功夫"。当年我在教育部举办的"于永正语文教学方法研讨会"上，执教的就是《小稻秧脱险记》。备课时我反复朗读，十几遍下来，居然会背了。备课时不把课文朗读好，不把板书的字词照着字帖练好，不把关键词语的意思把握准，谁敢进课堂啊！以上几点准备好了，即使不写教案，我也有底气走进教室！

教儿童学语文，靠的不是技巧，不是多媒体，是示范，是功夫和耐心。

说
教
学

121

激活思维是最大的教学道德

孙双金

鲁迅先生说："生命是以时间为单位的，浪费别人的时间等于谋财害命。"以先生的观点来谈论教学行为，不免沉重了些。但无法回避，必须直面这沉重的现实。

什么是教学道德？用孔子的话来说，"循循善诱"是教学道德，"因材施教"是教学道德，"举一反三"是教学道德，"不愤不启，不悱不发"是教学道德。教学道德就是让学生心智得到启蒙，思维得到激发，情感得到陶冶，人格得到提升。

儿童到学校接受教育，最重要的就是接受思想启蒙。让儿童心智得到启迪，这才是真正的启蒙。孔子曰："学而不思则罔，思而不学则殆。"学中思，思中学，它揭示了教育最本质的规律。教学就应该让学生思维火花四溅，让学生浮想联翩，让学生思接千载，视通万里。语言是思维的物质外壳，学生思维激活了，语言也就发展了。逻辑思维强的人必然语言有条理，形象思维好的人必然语言生动活泼。

我们当下的语文课堂，还能看到多少思维的火花？太少了！我们看到太多的唯一答案，太多的肤浅回答，太多的唯美煽情，太多的就内容而内容、就字面而字面的低效讲析。我们的学生就在这样的课堂里荒废每一天，每一月，每一年。我们就这样认真而善意地浪费着学生的宝贵生命。这样的教学道德吗？

语文课堂怎样才能激活学生的思维呢？

第一，阅读文本要善于发现矛盾，挑起认知冲突。朱熹说："读书无疑者须教有疑，有疑者却要无疑，到这里方是长进。"明代陈献章说："小疑则小进，大疑则大进。疑者觉悟之机也，一番觉悟，一番长进。"要让学生有疑且觉悟，教师要有一双发现的眼睛，善于发现文本内在的矛盾、冲突；善于用问题引发学生认知冲突，点燃学生思维的火花。教学李白的《赠汪伦》："李白乘舟将欲行，忽闻岸上踏歌声。"可以提问学生：为什么汪伦早不送晚不送，偏偏等到李白踏上小船才踏歌相送？教学人教版第四册《找春天》："春天像害羞的小姑娘，遮遮掩掩，躲躲藏藏。"可以启发学生：为什么把春天比作小姑娘？改成春天像"慈祥的老太太"、像"活泼的小伙子"行吗？问题一出，冲突顿生，思维的火花就点燃起来。

第二，语言实践活动要有思维的张力。所谓有张力，就是有思维发散的空间，有比较多的可能性，答案不是唯一而是多元的。我执教《春联》一课，设计了两个语文练习。一是讲述明代解缙续写《春联》的故事："门对千根竹，家藏万卷书。"财主把解缙家门前的竹子全部砍去，如果你是解缙，你会续上哪两个字？学生稍作思考，说出十来组词语，让我和听课老师叹为观止。二是出示写弥勒佛的上联："大肚能容，容天下难容之事"，让学生对下联。结果学生对出"张口能念，念天下难念之经""开口便讲，讲天下难讲之道""垂耳能听，听天下难听之音""慧眼能观，观天下难观之心""妙手能写，写天下难写之章""大足能行，行天下难行之道"等十多个下联，学生思维能力、语言能力得到极大的发展。

马克思说："教育绝非单纯的文化传递，教育之为教育，正是在于它是一种对人格心灵的唤醒。因此说，教育的核心所在就是唤醒。"

让我们为了唤醒和激活而教吧！

语文教学不是教语文，而是教儿童学语文

成尚荣

苏霍姆林斯基曾对一位物理教师这么说："你不是教物理的，你是教人学物理的。"

北京十一学校校长、语文特级教师李希贵对来考察的兄弟学校的老师这么说："我们不是教课的，是教人的。"

由此，完全可以演绎出这样的情境，对语文教师这么说："我们不是教语文的，是教儿童学语文的。"

我以为，这就是核心素养下的语文教学。

大家一定会质疑：苏霍姆林斯基那个时代，还没有核心素养概念呀！是的，那时还没有核心素养概念。不过，没有核心素养概念，不等于没有核心素养存在啊。核心素养早就在学生的心理结构中、在学生的语文学习和学生的生活中活泼泼地存在着。如今，作为一个概念提出，让我们方向更明确，目标更坚定，行动更自觉。对核心素养不应有神秘感，而应有亲近感。

"语文教学不是教语文的"，绝不是对"教语文"的否定，而是对语文教学的深度认知、重新发现、再次定位。"教儿童学语文"正是语文教学的核心素养观，其主旨是人，是儿童。不言而喻，核心素养是关于人的，人才有核心素养；核心素养是为了人的，为了人的核心素养的培育与发展；核心素养的发展是主体行为，核心素养是人自己成长、发展起来的。离开人，哪有核心素养可言？即使有什么核心素养，又有何价值和意义？"教儿童学语文"，让儿童在语文教学中站立起来，让目的性、主体性、创造性凸显出来，这样的语文教学才是最有价值的。

是的，语文教学常常有这样的现象：只看到语文教材，看不到用教材学语文的儿童；只有语言文字，看不到儿童在语言文

字里的情感、思维和心灵；只有语文教学过程，看不到教学过程中儿童的学习。我们常说，让学习看得见，可看不见儿童，学习怎么能看得见呢？我们还常说，让学习真正发生，可儿童是怎么学习的还不清楚，学习怎么可能真正发生呢？

让教材里的儿童与教室里的儿童相遇、对话；让儿童在教学过程中活跃起来，在丰富、复杂的情境里探究、体验、思考，才会有真正的语文教学，或曰真正的语文教育。

不仅如此，"教儿童学语文"，至少还有另外两层意思。一是"儿童学语文"。是"学"，而"学"是儿童自己的行为，不是被动的，更不是被迫的；"学"，也绝不是做题目、考分数，学语文的方式是生动活泼的，内容是丰富多彩的。"儿童学语文"的最佳状态、最美姿态是渴望学习、生动活泼地学习。二是"教"儿童学语文。语文教学，只有学，没有教，不是真正的语文教学。儿童学语文需要教，不过需要教师智慧地教。智慧地教，是与儿童一起学，是把自己当作儿童与儿童一起学。智慧地教，是"不教之教"。

如此，语文教学诠释了一个学术观点：文学是人学，教育学是人学，语文是儿童自己的语文，语文教师的语文教学是"教儿童学语文"。

我们需要什么样的"活跃"

支玉恒

我向来认为，语文的问题，应该用语文的手段来解决；中国语文，应该用中国语文的办法来解决。

这一来是语文本色的需要，二来是文化传承的需要。

中国的语言文字，是随着中华民族的文化繁衍而发展的，离不开中国文化传统的滋养。传统语文教育，又是当代语文教育的根基。

中国人学习母语，应该讲究"诵读、感悟、涵泳、体味、积累"，继承发展这些体现中国人以感性思维为主的教学理念和方法。我们的语文课堂，需要生动活泼的读、写、说，更需要文文静静的思考、揣摩。

但是，目前的语文课堂，有了太多不恰当的"活跃"，动辄游戏、画画、表演、歌舞，欢声雷动。

我不反对适当的肢体活动，但任何活动，都应该为学习语言文字服务。

要克服过多的"非语文"现象——

教《黄山奇石》，大半节课学生都在用肢体"塑造"黄山奇石的模样；

教《鸟的天堂》，半节课都在欣赏制作精美的鸟声鸟影；

教《晏子使楚》，表演三个故事用了 35 分钟；

教《地震中的父与子》，正文草草带过，"拓展"到古诗《游子吟》和朱自清的《背影》还嫌不够，又"拓展"了一篇网上写父爱的文章。一节课 40 分钟里，我们不知道老师到底想干什么……

追求课堂气氛的活跃，这本来没什么不好，关键要看追求的是什么样的活跃，是用什么手段追求活跃。

做一名有思考力的教师

我在绍兴教朱自清的散文《歌声》时，孩子们读第一自然段中"真令我神迷心醉"一句，读不出那种陶醉的情态。

有个学生说能读"醉"了，结果他把"神迷心醉"四个字，像醉酒一样唱了出来。孩子们都兴奋地鼓掌，台下老师也笑着鼓掌，气氛相当"活跃"，似乎是一次"成功"。但这种"活跃"，不是真正的语文的活跃。

后来又读末段意趣、情感相近的句子，这位同学举手又要读，我问他："你还要唱吗？"他说："是的。"我说："咱们不唱了，咱们要诵读。"

我舍弃了一次肯定会产生"活跃"的机会，维护了语文本色的尊严。

有一句老话说：听、说、读、写，字、词、句、篇，是语文教学的"八字宪法"。我们讲语文课，就要用语文"听、说、读、写"的手段，来解决语文"字、词、句、篇"的问题。

"正确把握语文教育的特点"，是语文教学的前提。

《义务教育语文课程标准》指出："应着重培养学生的语文实践能力，而培养这种能力的主要途径也应是语文实践。"仔细琢磨这句话，不就是"用语文的手段解决语文的问题"吗？

语文的手段，就是听、说、读、写。

所以，我们设计任何一项教学活动，都要考虑是否保证学生运用了听、说、读、写的手段。我们的课堂，需要"用听、说、读、写的手段"，创造"解决字、词、句、篇的问题"的活跃。

这样的活跃，才是语文课堂应有的活跃。

说
教
学

不求热闹求有效

杨再隋

　　当下，语文教学并不沉闷，课堂上，小手高举，一派热闹景象。然而深思之，感到在"热闹"背后，似乎掩盖了什么。试想，如果学生答问，答案就在书上，照念不误，即使应答如流，有何价值？如果朗读总是几个优秀学生的表演，大多数学生作壁上观，如此琅琅书声，训练作用何在？

　　如何透过现象去评判教学的得失。我认为，语文教学主要看学生的言语实践是否达到了有效性的要求。

一、学生的言语实践是学生的自主实践

　　自主，是学生自己做主，不是老师牵着走，也不是老师赶着走。学生自主了，才能主动，才能自行揣摩、自主探究、自由发挥，也才能自主发现，亲历发现的过程，体验发现的快乐。在小学，学生通过读、思、议、写，能发现复杂的语言现象中隐蔽着的意蕴，发现词、句、段、篇之间看不见的关系和联系。可以说，发现问题比解答问题更有价值。发现，常常是学生创新思维的萌芽。

　　当下的语文教学，存在的问题依然是教师控制课堂，要求学生循规蹈矩，整齐划一，这最终只能是用精心打造的模具，铸造出统一规格的学生，不仅泯灭学生的个性发展，也窒息学生的自主精神。

二、学生的言语实践是在真实语境中的实践

　　语言是人类最重要的交际工具，本应交流的是真实的思想、纯洁的感情。但实际情况是，脱离真实语境的纯技能训练太多，融进生活、走进内心、触及心灵的言语活动太少。课文中一些

做一名有思考力的教师

严肃的主题低俗化、人物脸谱化、情节戏剧化、场景虚拟化。笔者观摩过一节《小英雄雨来》。教学过程中，学生笑声不断。这样的教学不仅无助于学生对语言文字的理解，而且也偏离了思想教育的轨道。

三、学生的言语实践是和思维活动密不可分的实践

在语文教学中，学生的言语活动如果只是在语言文字的表层徘徊，在思维的浅滩嬉戏，可以肯定，这样的言语实践是低效，甚至是无效的。因此，在符合学生身心发展规律的前提下，学生思维应从浅层思维提升到深度思维，从具体思维提高到抽象思维。

为此，课堂上要强化学思结合。以问促思，变提问为发问；循疑而进，变生疑为质疑。疑问应有思维价值，提问不在多，而在精，问到思维的关节之点、关联之处，问到语言表达的精彩之笔和精妙之点。

四、学生的言语实践是听、说、读、写的综合实践

语文课程是一门实践性、综合性很强的课程。由于听、说、读、写之间有着紧密的内在联系，因此，在教学中如何促进听、说、读、写的协调发展，发挥它们之间互补、互促的作用，关系到学生言语实践是否有效。例如，当某一学生答问或朗读时，其他学生应认真倾听，听后要及时评点，还可以对"评点"进行再"评点"。这样的课堂才是一个交互式对话的课堂。然而当下许多课堂上，无论是朗读者或是答问者，只对教师负责，对其他人漠不关心。学生发言变成了"孤独主体的独白"，既无思想碰撞，也无感情沟通，使课堂缺失了交际的氛围，延迟了听说能力的发展。语文教学应强调在综合中进行言语实践，在言语实践中达到新的综合，以全面提高学生的语文素养。

不求热闹，讲求有效，每堂课都有效，教学自然就高效了。

说
教
学

倒是在山里头看到一堂好课

贾志敏

由于职业的缘故，我看课无数。好课，有，但是极少，凤毛麟角。

问题出在哪儿？窃以为，教学中忽略了学生，且教学目标缺失是主因。

日前，倒是在山里头看到一堂好课。

看课的人不多，连本人在内，才四个。学生是山里的娃，执教的是三十出头的"乡村女教师"。教的是诗歌：《大自然的语言》。

踏着钟声走进课堂，挑了个凳子坐下。额头上冒着热气的孩童问我："你是谁呀？来看我们童老师上课的吗？"

在童老师的召唤下，这些孩童才纷纷回到各自座位上。

上课。学生背诵《弟子规》《游子吟》以及教科书上的古诗、古文。估计他们锻炼这些"童子功"不会间断，所以都能烂熟于心，倒背如流。接着，练字。这天，学生练习书写带"走之底"和"反犬旁"的字。字的间架结构、运笔走势多属合理，字写得像模像样。

接着，学习新课。

童老师板书："语言"。问："什么叫'语言'？"一石激起千层浪，学生各抒己见：

"语言就是说话。比如，我现在回答老师的提问，就是在运用语言。"说得似是而非。

"语言就是人和人之间交流看法时说的话。只有人才会运用语言。"讲得不够准确。结论还遭多人反对：

"不对！动物也有语言。母鸡下蛋后会'咕咕咕、咕咕咕'叫，它用语言在告诉人们：我下蛋了！"

做一名有思考力的教师

"公鸡啼鸣，也是用语言告诉大家：天亮了，赶快起床上学去！"

"我听得懂鸟各种叫声的意思。所以，鸟也有自己的语言。"

一个孩子不认同这说法："不同意！我还听到过蟋蟀的叫声呢！难道蟋蟀也有语言？"

童老师发言："语言是一种复杂的思维交流活动，它必须通过声音来传播。只有人类才拥有语言。动物简单的叫唤不能称作语言。"

接着，童老师在"语言"前面加上"大自然的"四个字，形成课题：大自然的语言。

童老师抛出两个问题供学生深入讨论："1.'大自然'真的会说话吗？2.'大自然的语言'指的是什么？"我暗想："这两个问题提得好，切中要害。"

接着学生学习生字和新词，反复朗读课文。学得颇扎实。

经过讨论，学生达成共识：大自然本不会说话，也没有语言。所谓"大自然的语言"，是指"大自然的规律"，大自然是按规律变化的，人们可根据规律推测出大自然演变的过程。

童老师接着说："大自然变幻莫测，用它自己独特的方式谱写了美妙的诗歌：大自然的语言。"经过启发，学生说出了《大自然的语言》这首诗的全部意思。

最为精彩的教学片段是：童老师请学生各写一句"大自然的语言"并交流。此时，教室里气氛异常活跃：

"晴朗的夜晚，我听到了蟋蟀细细的叫声。啊！大自然多么宁静呀！明天，一定依然是个大晴天。"

"蜻蜓在低空盘旋，妈妈呼唤自家的孩子赶快回家，因为马上要下雨了！"

"你看那成片的老鼠出洞了，这也是大自然的语言，老鼠忙着四处逃窜，地震这恶魔露出半边脸蛋。"

"布谷鸟'布谷、布谷'叫，就像春天在把门儿使劲地敲。"

……

课，上完了，40分钟。

干干净净，简简单单。真是一堂好课！

揭开"苹果的皮"

薛法根

　　有人说，三只苹果改变了世界。亚当和夏娃的苹果，让我们认识了自己；牛顿的苹果，让我们认识了世界；乔布斯的苹果，则让我们改变了生活的方式。有意思的是，著名哲学家、史学家杜国庠先生也用苹果作了一个类比："一只蚂蚁在苹果上团团打转，只觉得到处都是光溜溜的，没有什么可以留恋的。但是假如能够揭开苹果的一点皮，吃到了果汁，蚂蚁就会忘我地吮吸了。"他讲的是做学问必须要"深钻"。我们不妨引申一下，把它看作是语文教学中的文本解读之道。文质兼美的课文，犹如光溜溜的苹果。学生就像勤劳的蚂蚁，常常找不到下口之处。教学就是打开文本的一个缺口，让学生逐层深入，到文本中尽情地"吮吸"。揭不开苹果的"一点皮"，阅读教学往往从文本的表层滑过去，一知半解，甚至囫囵吞枣，造成学生语感的钝化、思维的浅化。

　　第一层，由表及里。课文以语言文字作为载体，是一个完整的结构。尤其是文学性文本，丰富的思想情感往往蕴含在词句的深层结构里。阅读的意义在于突破语言的外壳，穿过语言文字的表层意义，探寻到文本内部的深层含义，领会作者所要表达的真实意图与思想情感。请看于永正老师解读《林冲棒打洪教头》——"不敢，不敢"，并非胆小怕事，而是一种"谦让"；"拨棒一扫"不仅仅是一个招式，而是一种"宽让"。透过词句的表面意思，才能读懂林冲的性格与为人。可以说，文本直接写出来的那层意思，是不需要教的；要教的，是文本没有说出来的那层意思、没有写出来的那些文字。故意隐藏的、有意省略的，才是至关重要的。

　　第二层，由文及人。课文是静态的，阅读是动态的。揭开文本的"一点皮",学生沿波讨源,顺藤摸瓜,最终会发现语言文字的背后,站着一个人,那就是文本的作者。真正的阅读,就是一场读者与作者的精神对话,映照出各自的形象与心灵世界。《珍珠鸟》一文所描述的小鸟在屋子里"飞来飞去、蹦到茶杯上喝茶、啄我的笔尖和手指、在我的肩头睡觉",在一般人看来是"烦心的事""烦人的鸟",在作者的眼中却是"可爱的小家伙",这不仅仅是"喜爱"的缘故,而应看到作者是一个有生活情趣的人。无趣的人,怎么会有如此"养鸟、赏鸟"的闲情雅致?有情趣的人,才会将小猫踩在作业本上的脚印,当成是一朵朵的梅花。读到"小鸟落在我的肩头睡觉"时,如果可以想象出作者此时此刻的表情和神态,才算是真正读到了作者的心灵深处。当然,这个作者,是文本映射出来的作者,不一定是现实中的作家。

第三层,由意及言。语文教学中的阅读,有别于生活中的阅读,不仅指向文本的思想内容,还指向文本的语言形式与表达构思。遣词造句的妙处,谋篇布局的构思,才是"更鲜美的果汁"。形式与构思,对于大多数学生来说,还是一个秘密。阅读教学就是要揭开这个言语的秘密,让学生有一种"恍然大悟"的惊喜之感。教学冯骥才的《珍珠鸟》,教师在梳理出小鸟的各种活动之后,让学生找一找串起这些活动的那根"线"。有的找到了"时间线",有的找到了"地点线",这些是一眼看得见的"明线";学生再找,终于发现了"小鸟的胆子越来越大""小鸟离我的距离越来越近""小鸟对我的信任越来越深",这些是看不见的"暗线",是"情感线"。这样的阅读,才会激活学生的思维,才能磨砺学生的阅读眼光。

教师心中要有三把标尺

李竹平

前不久，一位老师给新入职教师上示范课，内容为北京版二年级上册《蔬菜营养丰富》。这是一节识字课。教材第一部分是六种蔬菜的名称，第二部分是从不同角度描述这六种蔬菜的短语，最后一部分只有一句话，总结全文。教师课前精心制作了课件，准备了实物教具，教学环节作了精心设计，课上也多次呈现"看上去很精彩"的活跃场面，但是，我不认为这是一节成功的好课。

一节成功的课，教材资源使用、教学活动设计等，应同时符合三个基本的逻辑，即理念逻辑、内容和目标逻辑、学生成长逻辑。

任何一项教学活动，都应秉承一定的理念逻辑，有明确的指导思想、课程目标和育人追求。语文学习是母语学习，教师不仅要帮助学生学习如何运用祖国的语言文字，还要使他们在学习过程中获得一种文化身份的认同。因此，语文学习的理念逻辑应该来自对人如何运用语言与所处世界建立积极联系的思考认识，真正做到以儿童为本，"为儿童全生活着想"（叶圣陶语），反映儿童的生活真实，契合儿童精神成长的需要，发展儿童的心灵，为培养"全人"服务。蔬菜是儿童生活中常见的事物，认识蔬菜的名称，学习运用表示颜色、形状、味道的词语描述蔬菜的特点，都要考虑汉字构字特点和汉语词汇的文化特征。这节课上，教师运用了自主认读、课件动作游戏认读等方式来帮助学生识记生字，偏偏没有从字形构造上引导学生去发现蔬菜名称中多数生字的共同之处，如多数生字带"草字头"或"木字旁"；也没有让学生感知"翠绿""金黄""细长""圆溜溜""甜丝丝""火辣辣"这些词语形式上的特点和音韵之美。没有清晰的课程理念逻辑支撑，母语广阔的文化背景就很难以自然的状态与学生的"全生活"建立起联系。

语文课程要遵循的第二个逻辑是内容和目标逻辑，也就是基于课程标准的学科自身的逻辑。作为母语教育课程，无论使用怎样的教材，学习什么样的内容，本体性知识技能的习得、言语思维的发展、文化精神的内化等，应贯穿教学始终，不能缺位，也不能杂乱无章。低年级字词识记、积累和运用是重点。一节识字课，如何引导学生发现一类汉字的共同特征，习得具体的识字方法和策略，如何在认识事物的同时感知词语的生动性、表现力，并主动积累和运用这样的词语，是主要学习内容和目标。而这节课，教师把主要精力放在创设卖菜的情境上，反复让学生根据教师提供的句式练习介绍菜摊上的各种蔬菜，字词的学习蜻蜓点水、一带而过。内容和目标逻辑不在心中，学习活动设计就会跑偏，学习也就不会扎实有效。

低年级识字，与中高年级方法策略是不一样的。语文学习还要遵循学生成长的逻辑。这节识字课，除了认识事物，将识字与生活紧密联系起来，更重要的是培养学生识字学词的兴趣，习得识字学词的具体方法，进而形成能力素养，为以后主动识字、积累词语奠定基础。学生在不同年龄阶段、不同境遇里对语文学习的兴趣需要，认知、思维发展的水平和规律等，是母语课程实施的根本依据。遵循学生成长的逻辑，语文教学才能真正坚持"儿童立场"，否则很容易成为教师一厢情愿、自以为是的自我炫技表演。

从语文课程的构建到课程具体实施，教师心中要随时以这三个逻辑为标尺，确保母语教育时时刻刻"为儿童全生活着想"。

说

教

学

汉字教学：影响人一辈子

谈永康

语文教学，语言是根本，文字也是根本。怎么教识字，大有学问。这里不仅有技术问题，还因汉字有丰富的文化内涵，因此还有强大的育人功能。

"寇"字出现在《狼牙山五壮士》这篇课文中。很多小学生一接触就觉得难，从第二天默写到后来写作文使用，总是会写错。这是为什么？

老师一般会这么教："'寇'，这个字读'kòu'，读三遍。"然后教字形，"'宝盖头'下的部件很容易写错，特别是最后四画，请跟老师一起书空。"最后不忘问字义，学生答"日寇就是日本鬼子"。

这样教"寇"字，很清晰，很顺畅，但是不够，很不够。"寇"字是这一课生字学习的难点，"寇"字最后四画又是这个字的难点。如何利用汉字的特点优势突破难点呢？先出示金文的"寇"字，这是多么形象的一幅画！多么像一个人手持器械，跑到屋子里殴打主人！最后四画，正好是一只手拿着棒子（准备打人）。学生一看，字形记住了，字义也懂了。《说文解字》中解释："寇，暴也。"寇，就是这样暴力的入侵者，怎能不叫人愤怒，不叫人痛恨呢？"日寇"就是从日本跑到我们国土上的入侵者，我们当然要"抗日"。五壮士为了保护军队主力和人民群众，当然要把敌人引上狼牙山，浴血奋战。最后，他们毅然选择了牺牲，也决不向日寇"低下高贵的头颅"。

可见，"寇"是一个有温度的字。它带着血与火，凝聚着仇与恨，能教学生爱憎分明。正因为有这些情感伴随，"寇"字的学习就变得生动而有效。

有些汉字并不难写，比如"和"这个字，学生一年级就学了。四年级有篇课文叫《将相和》。《说文解字》把"和"诠释为"相应也"。多好的"相应"啊！教学时从题目入手，学生理解"将相和"就是将相和好。学完第一个故事"渑池之会"，老师指出"和"有"相应"的意思，请同学们回头想想：将相两人是怎样相应的？学生说，蔺相如在外交场合唇枪舌剑，廉颇带着军队在边境做好了抵御准备，这两人行为"相应"，即协力，这是"和"。第二个故事"负荆请罪"，抓住两人的话语朗读、比较，学生体会到蔺相如想的是"我们"，是赵国的利益；而廉颇多考虑"我"，即个人名利，后来想到了国家利益，才幡然醒悟，上门请罪，这是跟蔺相如的另一种"相应"，是思想上的一致，即同心，这也是"和"。同心协力，学生读出了"和"的新意，理解了"将相和"的路径与原因。

那一刻，孩子们的小眼睛发光。他们突然发现：一个常见的"和"字，竟有这样丰富的内涵，有这样神奇的光芒，藏着我们民族的思想和智慧。此时的"和"，成了一个有高度的词。

著名语文教育家于漪讲过这样一个故事——她在镇江中学就读时，老师教《陈情表》中的"茕"字，说："这个字念qióng，字形看好了，这个地方是一竖，不是一撇。再穷，做人脊梁骨也要挺直，不能把这一竖写成撇，不能弯下来，不能倒下去。"

于老师说："这个字我记了一辈子！"

"寇""和""茕"，还有许许多多的汉字，都是我们民族文化开出的花朵，都是我们民族精神的种子。教好每一个汉字，把它们播种到孩子的心田里，让他们记一辈子，这是我们语文教师的责任和使命。一辈子，不忘这样的初心，才是个合格的语文教师！

语文教育需要"书法精神"

鲍国潮

但凡语文教师，均需有点书法根底。

站上讲台，手执一截粉笔，在黑板上写出几行俊秀有力的字来，总能得到学生敬佩的目光。课余时光，铺开一张宣纸，蘸上浓墨写下一幅酣畅淋漓的书法作品时，方才觉得自己没有愧对"读书人"的称号。

中国语文，与书法可谓同生共荣。一部书法史，既是文字的历史，也是一部语文的历史。

我从事语文教育二十多年，越来越觉得语文教育，是需要有"书法精神"的。

首先是"取法乎上"。书法讲究"取法乎上得其中，取法乎中得其下"，也就是学习取法的对象必须是名作，是经过了历史检验、获得了公认的作品。这样的作品，才能使学生的学习拥有较高的起点。更重要的是这样的作品"法度严谨""无一笔无来历"，使学生模仿后能走上正确的学习轨道，不至于偏离方向。这也就是"入门须正"。

这就启示我们，语文教育，每一篇作品都是学生模仿的对象。这些作品的语言严谨程度、文学水准、文化含量，直接决定了语文教育的质量。从这个意义上说，语文教育的质量是由教材选文的质量决定的，是由教师的语文品位决定的，是由学习过程的"语文品质"决定的。选择最好的作品供学生阅读，是语文教育内容的首要任务。

其次是"宁拙勿巧"。书法拒绝媚俗，反对故作潇洒，宁可笨拙一些，宁可难看一些，但要寻找内在的美，这就是清代傅山提出的著名的"宁拙勿巧"的艺术原则。语文教育是老老实实的，需要下真功夫、下笨功夫的，真正的语文学习从来没有什么捷径。但是现实的语文教育总充满了各种花式花样，你方唱罢我登场，喜欢追求表面上的热热闹闹，寻求剧场效应，这种风气严重阻碍了语文教育对真问题的研究，使得语文教育逐步沦为"江湖卖艺"式的自吹自擂。因此，"宁拙勿巧"，体现了语文教师的专业姿态，体现了语文教师的职业操守，是一种对于课堂的自觉与自省，是一条语文教育的职业地平线。

最后是"计白当黑"。"计白当黑"是书法的布局艺术，意思是将字里行间的虚空（白）处当作实画（黑）一样布置安排。虽无着墨，亦为整体布局中的重要部分，使布局达到实与虚、显与隐、有限与无限的高度统一。在语文教学中，特别需要处理好教与学的关系。教就如同黑，是有形的，是教师努力经营的，是有精心设计与安排的；而学，则如同书法中的白，是作品的生气与内蕴。黑与白之间的辩证统一，即是语文教育教与学的统一，是语文教师全部教育智慧的集中体现。

语文教育，需要"书法精神"！

说

教

学

重结果，更应重过程

杨再隋

语文教学要重结果、重实效，看学生基础知识掌握了没有，听、说、读、写能力提高了多少，有没有养成良好的学习习惯……

语文教学也要重视学习过程，如同农家既重收获，也重耕耘一样。

语文学习作为一种实践活动，必有其发生、发展、螺旋上升的过程。在这个过程中，学生掌握知识、习得能力、运用方法、认识规律，养成正确的情感、态度与价值观。这既是教师引导下学生和文本对话的过程，也是师生之间、生生之间思想交流、情感沟通、智慧碰撞、资源共享的过程。

过程开辟了获取知识、培养能力的途径，展示了学习运用语言的方法，体现了学习语文的规律。学生亲历过程，自主探究，亲身体验学习语文的苦与乐。

学习过程是流动的、变化的、不断发展的，体现着教学的发展性。教学有发展性，标示着教学的生长状态，因而能焕发出无限的生机活力。这个过程既是学生言语生成与发展的过程，也是学生人格逐渐完善、精神不断成长的过程。

教学的发展性决定着教学的有效性。试问，如果学生的思维只在起点徘徊，言语老是在原地踏步，想象枯竭、思维倦怠、言语生涩，这教学还有效吗？如果刚刚上课，多数学生就已读得正确流利，甚至背得滚瓜烂熟，回答准确无误，这课还有必要继续上吗？常听老师们评课说，某某老师的某堂课如行云流水，这话貌似褒奖，其实是贬损。因为课如行云，风吹云散；课如流水，水过无痕。老师们也常说，某堂课完美无缺，天衣无缝，这更像是贬损，意思是这堂课可能不真实。有时候，一堂课最大的缺点就是没有缺点。

学习是什么？学习就是由不知到知，由不能到能，由不会学到会学。语文学习亦然。学生经历学习过程，在教师的帮助下逐步学会自主识字、自主阅读和自主写作。学习过程中必然有尝试、揣摩，有猜测、假设，还有犹豫和失误。教学正是让学生从失误中看到希望，重拾信心、保持恒心、坚定决心，通过不懈努力，最终收获学习成果。

由上观之，学生学习过程中由跌跌撞撞到顺顺当当是正常的，从尝试错误到发现错误再到纠正错误也是正常的。反之，那些唾手可得、轻而易举得到的知识能力，常常是虚浮的、脆弱的，既不易保持又难以运用。

语文教学不能忽视多媒体对教学的辅助作用，须用其长、避其短。例如，多媒体可呈现色彩鲜艳、生动活泼的人物、场景图像，但不能替代学生根据语言文字生发的联想和想象；多媒体可以净化、美化、简化学生理解和运用语言的过程，但不能代替学生自主探究、亲身体验的过程。多媒体是手段，不是目的；是技术，不是思想。手段不能代替目的，技术也不能代替思想。

总之，语文教学中充分关注过程，才能更好地促进学生语文素养的提高。学习过程中思维的发展、情感的滋润、意志的磨炼，不仅有助于学生获得知识、能力，更有助于学生的精神、个性的健康成长。一般说来，过程与结果具有同样重要的价值和意义。"合规律"的耕耘，必然带来"合目的"的丰收。

"怪作家"与"怪教师"

成尚荣

最近在看一本书，书名叫《怪作家》——名字还真有点儿怪。作者约翰逊对著名作家的爱好有持续探究的兴趣，阅读了大量的资料，完成了这本十分有趣的书。

《怪作家》开篇就说："作家们是一帮很古怪的家伙。"某些作家的癖好实在让人好奇。书中有这样几个例子：

有位作家喜欢在户外写作，将树林当作书房，常常倚着树干，膝盖上放一个便笺簿。35岁时，他就这样在德国的黑森林地区过了几个月，在这个开阔的、发出飒飒叶子声的地方，写就了第七部长篇小说《亚伦的神杖》。不只是在德国，他还在英格兰一个礼拜堂旁的农舍里，坐在一棵苹果树下的椅子上写作；在意大利加尔加诺的柠檬树林边，在墨西哥的湖边柳树下，在一株巨大的五针松下写作……树林是他的书房，树是他倾诉与依靠的对象。他，就是著名的作家劳伦斯。

另一位作家特别喜欢饮品，咖啡是他写作永恒的伴侣，是他写作时的对话者。他通常晚上十点上床，凌晨两点在闹铃声中醒来，星光闪烁，别人还在熟睡，他却文思泉涌，笔下流淌出泉水般的文字。如果咖啡浓度不够，他还要加上其他成分；有时应急，甚至直接嚼咖啡豆。他，就是写成辉煌巨著《人间喜剧》的巴尔扎克。

作家们还有其他的"怪癖"：大仲马用三种颜色的纸来写作——诗流淌在黄色的纸上，小说驰骋在蓝色的纸上，其他类型的文章则在粉红色的纸上展开。席勒在书桌的抽屉里放满烂苹果，闻着这刺鼻的气味，他的写作激情迸发，烂苹果成了他的依靠，而他写成的《审美教育书简》却散发着特有的芬芳。还有个"怪家伙"——爱伦·坡，写作时常将一只猫放在肩头维持平衡……

真的，他们是一群"怪作家"。他们的"怪"，是他们的独特性，独特的写作方式、独特的写作习惯，在独特的情境里唤醒自己的灵魂，激活自己的灵感，形成了自己独特的写作风格，而风格是一种习惯，映射的是一种修养。换个角度看，这些"怪癖"都有浓浓的"人间烟火味"。拥有这些"怪癖"的作家们以他们独特的方式贴近生活，从生活中获取启发，生活是他们的导师。

而我们教师呢？我们的语文教师呢？允许不允许一些语文教师也有自己的癖好？我以为应该允许，对一些无伤大雅的"怪癖"还应该保护，甚至可以提倡。道理比较简单。其一，语文教师也是创作者，他要对语文教材进行创造性的开发，整合各种教学素材，转换成自己的教学资源，进而转换为学生的素养。实质上，语文教师也是小说家、是诗人、是作家，他们也是在创作一个个故事、一首首诗歌、一篇篇散文。他们应该去大胆地写作，勇敢地创作。

其二，语文教师进行的是创造性教学，应该给他们一个足够大的个性发展空间，让他们自由地想象，以自己喜欢的方式去备课、上课，追求并形成自己鲜明的教学风格。

其三，语文教师应在实践与研究中走向最高境界——随心所欲但不逾矩，实现有规则的自由。有个性的教学更有利于学生个性的健康发展。

不过，小学语文教师毕竟是小学教师，面对的是一群正在接受启蒙的少年儿童。儿童们需要有学习的榜样。"身正为范，学高为师"，这就需要教师把握好分寸，别让"怪癖"对学生产生负面影响。原则上说，凡是有利于将立德树人的根本任务落实到语文教学中的，任何方式都可以探索尝试。此外，"怪癖"是自然天成的，不必刻意追求，更不能为独特而独特，为癖好而癖好。

说
教
学

你今天示范了吗

管建刚

来了几位校外辅导员。

一位教唱歌的，在他的辅导下，孩子们的歌声越来越美妙。

一位教乒乓球的，在他的辅导下，孩子们的球艺进步很快。

一位教剪纸的，在他的辅导下，孩子们剪出来的作品有模有样了。

还有一位教足球的，据说，这支足球队后来拿下了全市小学组的冠军。

辅导员们没读过师范，然而跟着他们，孩子们学到了真本事。

辅导唱歌的说：孩子们，你们听我唱，就知道怎么唱了。

辅导打乒乓球的说：孩子们，你们看我打，就知道怎么打了。

辅导剪纸的说：孩子们，我剪给你们看，你们就知道怎么剪了。

辅导踢足球的说：孩子们，我踢给你们看，你们就知道怎么踢了。

孩子们打心底里服气，愿意跟着学，因为辅导员们不是在泳池边喋喋不休地讲，而是跳下水很享受地游给孩子们看。

教学就是这样，学生不会，你还老在讲讲讲，不如直接做给学生看。

学生课文读不连贯，老师说：不要紧，听我读你就知道什么叫连贯了。学生读得拖拖拉拉，老师说：不要紧，听我读你就知道什么叫紧凑了。学生停顿不恰当，老师说：不要紧，听我读你就知道该怎么停顿了。学生读得太平淡，老师说：不要紧，听我读你就知道什么叫有情有味了……

这样教，这个班的朗读水平一定不会低。

学生背不出古诗，老师说：不要紧，我背给你听。学生背不出课文，老师说：不要紧，我背给你听。学生背不出小古文，老师说：不要紧，我背给你听。学生背不出名篇，老师说：那就先听我背一遍吧……

这样教，我想这个班的学生不会怕背诵。

笔画多的字写不好，老师说：不要紧，我写给你看。笔画少的字不会写，老师说：不要紧，我写给你看。独体字写不好，老师说：不要紧，我写给你看。半包围结构写不好，老师说：不要紧，我写给你看……

这样教，我想这个班的字一定不会差。

学生说课外书不好看，老师说：这本书挺好看哦，我讲一段给你听吧。学生说书里的主人公真可怜，老师说：我们想到一块了，一起聊聊吧。学生说没时间看课外书，老师说：我早上起床看10页，晚上睡前看10页，一个月就看了好几本书。学生说暑假看什么书好呢，老师说：我跟你讲啊，这个学期我看过的书有……

这样教，我想这个班的课外阅读肯定不会有问题。

要学生写日记，老师说：我先写一个月给你们看，我做到了，你们再写。学生说这次作文不好写，老师说：我写给你们看，你们看了我的再写。学生不知道怎么改，老师说：拿两篇你们认为最不知道怎么改的，我改给你们看。学生去看"作文秘籍"，老师说：我肚子里也有"作文秘籍"，说给你们听听。学生不知道作文要交流要发表，老师说：你们看，我的文章发在报纸上啦……

这样教，我想这个班的孩子就不用去上什么作文辅导班了。

当好一名小学语文教师，说起来也容易，多多示范而已。示范，儿童"看得见"的教学，最走心。

示范，有点简单，有点朴素，有点笨，但很有效。

聪敏的你，今天注意示范了吗？

呼唤"儿童的语文"

杨文华

于永正先生的语文教育思想和实践，被人们概括为"儿童的语文"，我以为再合适不过。在当下功利主义盛行的环境中，我们尤其要学习于老师的教育思想和儿童观，要像于老师那样教书育人。

于老师的语文教学总是把儿童放在首位。在于老师的课堂里，老师首先是在教儿童，其次才是教语文。用成尚荣先生的话来说，"于老师是教儿童学语文"。

于老师心里时时刻刻装着儿童，想儿童之所想，急儿童之所急。有一次，一个孩子提出，老师板书时身体和手挡住了他的视线，他看不清。于老师听了很愧疚，觉得自己怎么就没考虑到这一点。从那以后，他每次板书都尽量蹲下身子，争取让每个孩子看清老师板书的过程。

蹲下身来板书，是因为孩子个子小，需我们老师放低自己的姿势，让孩子看清黑板；蹲下身来和学生交流，是因为孩子心理敏感，需我们老师放低自己的身姿才容易接近他们。老师处处为学生着想，教学姿态才能自然地贴近儿童。儿童够得着老师，他们才会自然地亲近老师，大胆地表达自我。

老师心中装着儿童，备课时才会时时想着学生的难处在哪里，教学才会有的放矢，才能教到学生的心坎上。上《梅兰芳学艺》一课，学生缺乏相关的生活积累，对课文中一些词语理解起来有困难。于老师就创设情境，启发学生想象，带着学生在情境中表演、体会。为了让学生体会"紧盯"这个词语，于老师请一位学生到讲台前站在凳子上。于老师用手指着上空对这位学生说："天上有一只鸽子，看你能不能盯紧它。"说着，于老师用手指在这位学生眼前从左向右划动，又从右向左划动，

做一名有思考力的教师

学生的视线也紧跟着于老师的手指移动。有了这样生动的情境再现，孩子们很快就理解了"紧盯"一词的应用之妙。

正因为于老师心里时时想着儿童，他的语文课才那么贴近儿童需要，才那么容易走进孩子的内心。

我们今天呼唤"儿童的语文"，就是因为我们的课堂还存在大量的忽视儿童、不尊重儿童的现象。有的老师为了提高分数，让学生拼命"刷题"，大量抄写，不考虑儿童的承受能力。这样的教学也许能短时提高考试分数，但损害的是儿童对语文学习的兴趣，损害的是儿童的身心健康，得不偿失。

有的老师只想着自己如何把课上精彩，忘了课堂里的学生。特别是在一些公开课上，老师恨不能每一招每一式都要有"造型"，每一句话都要出彩，竭力展示自己的风采，却忽略了学生的感受。他们不是在教儿童学语文，而是在自我展示。这样的课再热闹再好看，学生获益不多，也没有多大价值。

于老师退休后，还在不断反省自己的教学。在《假如让我再教一届小学生》一文中，他深情地说："如果再教一年级，绝不会让小朋友上课尿裤子了。""犯了错误的学生进办公室，一定请他坐下。""我不会愚蠢地把分数作为衡量学生的唯一标准。""我希望成为学生的导师，而不是教师。"……这些话是那么朴实，又是那么深刻，反映了一位老教师对教育事业的深厚感情和对儿童的由衷热爱，值得我们每一个后来人铭记在心，并时时反躬自问——在我们的课堂里，究竟把儿童放在什么位置？

先生虽去，精神永存！我们热切呼唤"儿童的语文"！

说
教
学

相信自己的教学直觉

王崧舟

前不久，听一位教师执教《小珊迪》。

课的设计，完全颠覆了听课者的预想。课从"苦难"切入，初读，学生梳理小珊迪经历的一个个"苦难"。品读，大部分时间用于引导学生逐个感受、理解"苦难"。其展开的内容序列是：冷—饿—伤—残—死；构建的语境层次是：窘境—困境—绝境。其对"诚信"的理解，只是渗透在"苦难"的序列里。课在"苦难也会有光"的提炼中戛然而止。

现场效果，好到让人惊叹。

议课时，有人不无担心地问执教者：不担心人家说你偏离重点吗？

"我相信自己的直觉。"她如是说。

第一次读《小珊迪》，让她落泪的是小珊迪承受的"苦难"。这么好的孩子，为什么要让他经历这么大的"苦难"？这个直觉，在她心中一直挥之不去。

"与其跟着'永远正确'的教材分析走，我宁愿相信自己的直觉。"执教者如是强调。

我理解执教者的"执念"。

第一，若是忽视了"苦难"这一语境，对"诚信"的解读，要么流于一般，要么浮于道德层面，高喊说教的口号。

第二，凸显"苦难"，恰在凸显人性需求的复杂与升华。马斯洛的需求层次理论指出，需求的满足依次为：生理需求、安全需求、社交需求、尊重需求、自我实现需求。"诚信"作为一种需求，处于尊重和自我实现之间。而"苦难"的凸显，正是凸显小珊迪的人性超越了一般意义上的需求满足。因为"苦难"，小珊迪无法满足生理需求、安全需求、社交需求。按需求层次理论，在较低层次的需求尚未满足时，人是很难产生并实现高层次需求的，除非人性出现了惊人的升华。

第三，"苦难"与"诚信"，在一般意义上是冲突的。"苦难"将人性往下拽，"诚信"则将人性往上拉。"苦难"愈大，往下拽的力量就愈大。如此一来，将人性往上拉的"诚信"力量也就愈大。这种张力，会带来巨大的震撼力。

第四，"苦难"一方面有令人性堕落的力量，另一方面也有在砥砺人性中升华的力量。也是在这个意义上，卢梭说："苦难，对于弱者是走向死亡的坟墓，对于强者则是生发壮志的泥土。"

当直觉告诉她，可以用"苦难"来撑起整堂课时，我想，执教者一定没有做过如此周详的理性分析。

事实上，教学设计通常始于直觉，而非理性分析。我备《望月》，第一直觉就是"三个月"：江中月、空中月、心中月；我备《记承天寺夜游》，第一直觉就是"心外无月"；我备《枫桥夜泊》，第一直觉就是"愁眠"与"钟声"的相遇相知。这些直觉，最终转化为理性的教学设计，被课堂实践证明不仅有效，更且有味。

周国平说过：看见一个人，你是不是喜欢；遇见一件事，你是不是赞成，一开始你是会有一个直觉的。你要相信这个最初的直觉，它往往是正确的。你要记住，直觉是你的天性和全部经验在瞬间发出的声音，而观念多半是接受社会成见和他人意见的结果。所以，理应直觉优先。

可惜，很多老师不敢相信自己的教学直觉。

他们宁愿一遍一遍地咀嚼来自各种渠道的教案、实录、设计、案例，却不愿正视自己的灵感，顾惜自己的顿悟。

殊不知，他们塞满信息的头脑，早已将直觉拒之门外。

直觉，来自干净的头脑；直觉，来自独立而自由的心灵；直觉，来自全然忘我的沉入；直觉，照亮最美的课堂，也同时照亮最美的自己。

请相信自己的教学直觉。

语文的味道

杨再隋

真正的语文课必然散发出浓浓的语文味。观课时有人悄声对同伴说："语文味好浓呀！"观课之后，还有人在津津乐道。好的语文课，语文味道浓，而且其味绵长！

语文课应有语文味，天经地义。然而，如今有的语文课淡化乃至缺失了语文味，甚至变了味，不禁使人忧心。

需要说明的是，语文的味道并非指舌尖上的味觉。它泛指学生在语文课上获得的语文素养的全部感觉，即读书有声、词语有色、品读有味、写字有形，还有语言文字中传递出的脉脉温情。

有语文味的课必是书声琅琅。课堂上，学生或低吟慢诵，情思流淌；或高亢昂扬，激情奔放；或随心所欲，个性张扬。古代私塾，学生捧书至先生前，待先生用朱笔断句后，回到座位即高声诵读，声声入耳，字字上心，书香味弥漫其间。

有语文味的课，还要善品其味。课堂上，学生咀嚼词语，品析语句，乐在其中。一篇好的文章，总有关键之词、精彩之句。教师引领学生分析、比较、联想、品评，在细嚼慢咽中品出语文的滋味。统编教材三年级上册即要求"关注有新鲜感的词语和句子""借助关键句理解一段话的意思"，三年级下册要求"试着一边读一边想象画面，体会优美生动的语句""借助关键句概括一段话的意思"，四年级下册又要求"抓住关键句，把握文章的主要观点"。其他各册虽未在单元导语中明确提示，但在课后练习和"语文园地"中均有所体现。

古人有"炼字"之说，常常因锤炼一个字而反复推敲，可谓"吟安一个字，捻断数茎须"。这不仅是一种语言能力，更是一种语言修养。

做一名有思考力的教师

有语文味的课，除了书声琅琅，还要笔声沙沙，让学生书写生字新词、佳词妙句，结合课文进行小练笔等。一动笔就要求学生把字写端正、写美观，天天练，养成习惯，培养学生一丝不苟的学习态度、坚持不懈的学习精神。学生看到自己写的字整整齐齐，娟秀可爱，内心充满自豪感，更能增强自信心。

让语文课有语文味，关键在教师。教师的教学语言要格外讲究。无论是引发学习兴趣的前导语，还是穿针引线的过渡语，或是归纳提炼的总结语，或者延伸到课外的拓展语，都要准确、简洁、生动、鲜明。教师精彩的教学语言可唤醒学生疲惫的思维，激活其沉睡的灵感，引发丰富的联想，彰显语文的魅力。

教师声情并茂地范读，对学生起着良好的示范和引领作用。教师的板书设计是写字的样板，也是课文的浓缩，更是凝聚精华的"思维导图"。儿童对"图式"记忆深刻，以致多年后，还会记得小学语文课上老师的板书。

语文课的语文味彰显语文本色，凸显语文美感。所以，语文课要味道纯正，无杂质，无噪音，不浮华，不奢靡，有品质，讲品位。语文课还要讲美感，有韵律，有节奏，有新意，有温度，气韵生动，韵味无穷。

作文教学"一二三"

边存金

越来越多的语文教师开始喜欢研究作文教学，喜欢带着学生去写作，这着实让人觉得可喜。可也有为数不少的教师觉得作文是一个庞大的体系，感受无从下手。我建议不妨从总体上确立作文教学"一二三"的思路，把握好原则性的东西，从具体的每一堂课去落实，慢慢地获得实效。

这里说的"一"指的是"一个意识"，就是要有"作品意识"，要把课堂作为一个作品来设计。我之前也多次参与过和教师一起备作文课的活动。我一直提醒大家说，作文教学包括你的备课、思路、课堂展示、学生作品的呈现，应当是一个完整的作品，展示呈现的课也应当是艺术的作品。要把学生写出来的作文当成一份作品来对待，用好的标准来规范、引导学生写作。要把作文教学的过程作为教育学生的作品来对待，将育人的功能隐藏在作文教学的过程中，而不是为了教作文而教。

这里说的"二"指的是要"处理好两个关系"。小学生面对的这个世界是大世界，教师在进行作文教学时，第一个要做的就是要处理好"大"和"小"的关系。这是我大量听课后，产生的越来越明显的感觉。每当我们接触一个小的训练点的时候，往往要涉及一个大的课题。所以，做到有意识地体现以小见大、大小互融很重要。第二个是要处理好平常的阅读教学和作文教学的关系。由于这两种课的侧重点不同，训练点不一样，对教材学习的重点详略肯定也不一样。当然，阅读课和作文课两者又是可以有效融合的，我们甚至还可以有效地借助阅读课上一些好的办法来解决作文的问题。比如一位老师上有关美食的作文课，其中有对"熔岩蛋糕"的描写，如果能从词语的形象性、画面感入手，引导孩子对"熔岩—蛋糕—熔岩蛋糕"进行梯次的想象，就会对这种蛋糕的特点、味道等产生更形象的感觉，写作起来也就会更生动、自然，学生的写作思维也得到了顺理成章的训练。

这里说的"三"指的是：关注原点、远点和源点。首先要做到关注知识的原点。对小学生阶段需要学习的作文知识点，教师一定要交代清楚，让学生知道现在学的这个知识到将来初中高中甚至大学还是一样有用。比如，要学写留言条，就要让学生知道留言条是在什么情况下使用的，它和信件有什么区别，包括在作文课上给学生举的例子。一定要用心找到一个最合适、最有代表性的来。其次要关注教育的远点。我们要引导学生奔向诗和远方，从现在看到学生的将来，对学生成长怀有期待。就像一位老师教学《我的名字》作文课，从名字由来理解家长对学生成长的美好期许，这样的作文课对孩子成长就有了不同寻常的引领作用。最后就是要关注生活的源点，这也是写作的本质。作文是从生活中来的，当然包括平常的班级生活。我一直积极提倡让学生过上文学生活，因为班级里有了文学气息，学生会得到不一样的审美体验，这些会为他们的习作带来多样化的素材。

从简单入手易，持之以恒难。作文教学非一日之功，需要教师持续地研究、引导、陪伴。我们平常听到的一节40分钟的作文课，展示的是教师的功底，看到的是学生们在教师引导下的成长。我们当然也能透过一节课，看到师生过往的努力和未来成长的可能。

培养学生正确表达思想的能力

杨再隋

　　思想以语言为载体，凭借语言进行交流，又借助语言积淀于大脑。丰富的思想需要丰富的语言来表达。

　　语言是思想的直接体现。没有正确的语言表达，即使是思想的精华，也会因表达晦涩而产生歧义；反之，没有深刻思想的语言，辞藻再华丽，文句再优美，也是空洞无力的。

　　有了正确的表达，才会有顺畅的交流。语文教学中，要时时引导学生根据交际的需要，勇于发表自己的意见。学生正是在自主的言语交际中，反复练习，不断矫正，逐渐提高表达能力的。学生是成长中的个体，伴随着身心的发展，对语言表达能力的要求也应有所提高。

　　怎样才算表达正确？一要规范，不生造词语，不乱用术语，不滥用网络语，不在汉语中随意夹杂外语，更不要以使用奇异怪诞的语言为时髦；二要健康，不装腔作势、哗众取宠，不矫情做作、无病呻吟，不油腔滑调、巧言令色；三要真实，不口是心非、言不由衷，不夸大其词、歪曲事实，不闪烁其词、文过饰非。以上不仅能衡量语言能力的高低，更能区分语言品质的优劣。

　　正确的表达源于正确的理解。所谓正确理解，一是理解准确，不主观臆断，不曲解文意；二是理解全面，不断章取义，不以偏概全；三是理解深入，不浮光掠影，不走马观花。

　　误读必将导致错误的表达。尽管你辞藻华丽，却传递了错误的信息，表达了错误的思想。

　　人际交往中，倾听别人的话语，有时也会产生误读。课堂讨论中，连对方表达的意思还未听明白，就急于臧否，执其一端，强词夺理，自然就影响到沟通交流。究其原因，有的是不分语境，断章取义，曲解了别人的意思；有的是"以己之心，度彼之腹"，把别人的好意当成了恶意；有的是感情用事，让情绪蒙蔽了心智，误解了别人的本意……因误读而生误会，怎么会有正常的交流？

培养学生正确表达思想的能力（口头或书面），是中小学语文教学的一项基本训练。正确的表达有赖于积淀于脑中的丰富鲜活的思想，有赖于缜密严谨的思维，也有赖于表达者的言语态度和言语品质。长期以来，语文教学以阅读为中心的观念根深蒂固。统编教材按读写双线安排，但重心依然是阅读。当今教学中，培养学生表达能力的意识仍然十分淡漠，课堂上止于理解、疏于表达的现象仍比较普遍。对于学生发言，教师主要评判其内容是否正确、全面，很少关注学生用词是否准确、语句是否通顺、态度是否端正等。长此以往，学生正确表达的能力培养怎么会不落空！

培养学生正确表达的能力，要依靠平时认真扎实的练习。首先，要培养学生的逻辑思维能力，做到思路清晰，条理清楚，衔接过渡自然流畅。其次，要培养学生遣词造句的能力，要求用词准确，并在此基础上力求生动活泼，造句要符合语用规则。再次，要培养学生的语感。有了良好的语感，就能敏锐而准确地辨析用语的优劣短长，真切感受语言的魅力。

培养学生正确表达的能力，非一日之功，只有多说多写，天天练习，持之以恒，日积月累，才能收到良好效果。

培养学生独立思考的能力

杨再隋

　　积累思想需要思维的深度参与，以便从若干事实材料中提取有用信息，形成思想观念，并以概念的形式储存于脑中。同样，表达也需要思维参与，以便把内化了的认识外显为口头语言和书面语言。正确的表达需要符合逻辑的思维，也需要符合语言法则的言语表达。然而任何表达都是个人独特的表达。其实，凡是人的一切学习活动，归根结底都是个性化行为。

　　学生积累认识，丰富思想，都打上了个人独特的印记。如英国散文家兰姆所说："你可以从别人那里汲取某些思想，但必须用自己的方式加以思考，在你的模子里铸成思想的砂型。"人类思想源远流长，文化遗产光辉灿烂。学习借鉴前人或别人的思想，都应经过思维的过滤，而不能囫囵吞枣，也不能全盘接收，而是要加以鉴别，去伪存真、去粗取精，内化为自己的思想。所以独立思考是每个人必备的能力和精神品质。

　　阅读是读者以自己的生活经验、知识储备和文本内容及其思想相互融通后重新创造意义的过程。没有独立思考的阅读，不可能是个性化阅读。在语文教学中，如果没有个性化阅读，怎会产生独特的感悟、独特的理解和独特的体验？教师应引导儿童在多角度、多思路的阅读中，形成独立理解、自主判断，敢于发表独立见解。要让学生达成共识：宁要有缺陷的新思想，不要看似完美的平庸见解。

　　在语文教学中，过分追求统一，会导致固化的思维、僵化的头脑。长此以往，"天真烂漫的儿童变成了老态龙钟的学究"（法国哲学家卢梭语），教训是十分深刻的。由于每个儿童的知识、能力水平参差不齐，家庭环境、经验背景各不相同，他们对同一事物的认识，对同一文本的理解，肯定会有差异。因此，应鼓励儿童勇于发表不同的意见。不仅"求真"，还应"证伪"；不仅"证明"，还可"反证"；既可"求同"，亦应"求异"。在求知的道路上，应允许他们保留自己的意见，并延伸到课外去讨论。

习作是儿童运用书面语言表达自己思想感情的言语实践活动。儿童面对同一情境或同一事物，由于生活经验背景的差异，观察的角度、写作的意图、思维的方法、表现的手法等都会不同。儿童如能以独特视角去发现别人尚未发现的事物特征，并以与众不同的思路和写作方法表现出来，就有可能写出有创意的文章。否则，依样画葫芦、生搬硬套、人云亦云、随声附和，其习作必定是千篇一律、干瘪枯燥。可以说，没有独立思考就没有个性化的表达。

对小学生独立思考能力的培养，要从学生实际出发，由易到难，循序渐进。要让学生明白，独立思考，首先要多思考、会思考，在此基础上逐渐培养良好的思维品质，例如独立性、新颖性、灵活性、批判性等。当前，小学生普遍存在从众心理，随声附和、人云亦云，不敢标新立异，更不敢独持己见，导致渐渐形成了惰性思维和惯性思维，这是培养独立思考能力的心理障碍。语文教学正是要通过学生的自主言语实践让学生去除惰性，打破惯性，敢于"逆向思维"，敢于"反弹琵琶"。当大多数人都习惯于在一条老路上行进时，敢于另辟蹊径、独闯新路，甚至逆向而行，在漫漫长途中跋涉，在迂回曲折中求索，这既是一种能力，更是一种精神品质。

让学生学习独立思考，喜欢独立思考，善于独立思考。这样，言语才会畅达，思想才会活跃。

说
教
学

培养学生积累思想的能力

杨再隋

人之所以成为万物之灵，是因为人有思想，会思考，还能产生新思想。语言是思想的物质外壳，有了丰富的思想，才会产生丰富多彩的语言。语文教学中，让学生积累思想，也就是在积累语言。

学生的思想源于多姿多彩的生活和广泛的阅读。然而，城镇学生大多住在单元楼内，每天家庭、学校两点一线，埋头上课、做作业，应付考试，很难接触丰富多彩的生活。即便是农村学生，很多孩子父母外出打工，和爷爷奶奶也很少交流。单调而枯燥的生活，导致学生思想贫乏，精神枯萎，感情冷漠。因此，要引导学生冲破围栏，走出家门和校门，广泛接触社会，深入生活，感受世界之精彩；观察自然，寄情山水，感受大自然之奇妙。要引导学生在复杂纷纭的社会现象和变化多端的自然现象中，提炼有用的信息，分辨是非、善恶、美丑，提高认识生活的能力，从而积累思想，丰富思想。

同时，还要引导学生广泛地阅读。古人提倡博览群书。鲁迅也主张，读书如蜜蜂采花，不能老叮在一处，只有广采百花，才能酿出好蜜。应引导学生通过广泛阅读，了解作者的理解感受，汲取作者的思想精华，学习作者观察事物、认识生活的方法，领悟作者表达思想感受的构思之巧、用语之妙。

美国领导与教育国际中心主任威拉特·达吉特说过："学校应该教什么？在我看来，最重要的是两点——学会怎样阅读和学会怎样思考。"看来，除了学会阅读，还需要学会思考，尤其是深度思维。只有深度思维才能透视人间万象，揭示生活的本质，领悟人生的真谛，提高认识，丰富自己的思想宝库。

思想本是抽象的，由具象到抽象，从事实到概念，需要运用分析、综合、比较、归纳、判断等思维方式，实现认识质的飞跃。因此，小学不仅要关注学生"以具体形象思维为主"的思维特点，还应遵循"从具体形象思维向抽象逻辑思维过渡"的规律，加强抽象思维指导，提高"过渡"的质量，促使其顺利地完成"过渡"。

积累和丰富思想，不仅能使人精神充实，还能使人感情丰富。语文教学的使命之一，就是促使学生的感情由浅薄走向深沉，由单一走向丰富，由冷漠走向温暖柔润。思想和感情密不可分，高尚的思想能酝酿美好的情感，丰富的思想能催生丰富的情感。反过来，高尚丰富的情感也会促进思想的升华，点燃智慧的火花，激活创新的热情。

丰富的思想需要丰富的语言来承载、储存。语言作为思想的物质外壳，需要丰富深刻的思想来支撑。积累的思想越是丰富，头脑中思想的板块越多，思想的链条越长，思想与思想之间就会相互联结、相互碰撞，重新组合成新的思想板块，形成新的思想链条，就会不断产生新思想，保持思想的活力。与此相适应，语言也随之丰富起来。

不断提高学生积累思想的能力，让思想和语言齐飞共舞，是语文教学的分内之事，也是促进语文核心素养发展的有效举措。

说

教

学

语文课堂需要适度留白

林春曹

庄子说："虚室生白，吉祥止止。"大意是说，给室内留点儿空间，才能照得进阳光，装得下吉祥。

"虚室生白"，通俗的说法就是"留白"。

"留白"，原本是中国画独特的艺术表现方式，在画中留下适当的空白，画面瞬间变得空灵飘逸，余韵无穷，引人无限遐想。

这样的"留白"艺术，让我想到语文教学。

走进当下语文课堂，师生往往忙碌不堪：字词句段，听说读写，内容思想，表达方法，学习策略，小组合作，师生对话……40分钟的课堂，似乎每一秒都要挤压出效率。许多人误以为学得多，学得快，就是高效课堂。殊不知这样的课堂密不透风，知识内容不断叠加，师生精力不断损耗，学得多却没有深度，学得快却没有效率。这样的课堂，变成了学习版的《奔跑吧》。

语文课堂需要适度留白。适度留白才能虚实相生，以少胜多。

笔者教学《天窗》一课，精读课文第 7 自然段，摒弃了逐词逐句串讲串问、繁琐分析的老套路，选择了圈画批注、朗读想象、练笔补白的新策略。在朗读想象环节，笔者引导学生边朗读边想象，把文字转换成画面。读到"你会从那小玻璃上面掠过的一条黑影，想象到这也许是灰色的蝙蝠，也许是会唱歌的夜莺，也许是霸气十足的猫头鹰……"一句时，让学生们闭上眼睛想象画面——"灰色的蝙蝠，唱歌的夜莺，霸气的猫头鹰，你看到了吗？这掠过的黑影，还会是谁呢？请展开你的想象……"此时按下暂停键，留出十秒空白。

就在这短短的十秒钟的静默里，学生脑海中可能产生了神奇美丽的画面。而这些神奇美丽的画面，又成为他们接下来练笔的生动素材。

语文课堂中适度留白，还可以让学生有自我观照、自我叩问、自我更新的时间和空间，催生"自我重构"的学习力。在这样的留白中，学生可以自我对话，自我修正，自我丰富，自我重构，完成学习方法的内化。因此，课堂上引导学生经历一番语言、思维的攀登之后，不要过多纠缠于问题答案、知识结论，此时更需要巧设课堂留白，引导学生适时地回望"来时路"，从零散的知识学习走向方法策略的系统化。

我的观点和他们的观点有什么不同？他们这样理解有道理吗？老师为什么会这样说？这个问题还可以从哪些角度来思考？解决这些问题可以运用哪些策略方法？下次再遇上这类问题我会独立思考吗？……这样的追问引发的自我重构，更容易催生规律性的深刻感悟，也是每个学生必须养成的重要学习习惯。如果没有课堂留白，这样的自我重构便会瞬间流逝，并且再没有复盘的机会。

美学家宗白华在《艺境》中说："空白处并非真空，乃灵气往来生命流动之处。且空而后能简，简而练，则理趣横溢，而脱略形迹。然此境不易到也……"语文课堂适度留白，才能使语文教学到达空灵之境，使语文学习出现"灵气往来，生命流动"的气象！

联结力就是学习力

薛法根

一提起"联结"，就会想到桑代克"刺激—反应"经典心理学实验。联结主义理论认为，人类的复杂学习与动物的简单学习本质上相同，都是在"试误"过程中形成"刺激与反应联结"。"学习就是形成联结；教学就是设计各种复杂情境，以建立理想的联结并感到满意……"他们由此提出三条学习的基本规律：练习率、效果率与准备率。现代脑科学及学习科学理论进一步揭示了学习的生理与心理机制，认为：学习就是神经元之间建立新的联结，形成动态的神经网络结构；联结的延展与优化形成了人的认知结构，联结的广度与速度决定了学习的深度与效度；人的大脑联结是无限的，人的学习潜能是无穷的。联结力就是学习力。

统合了心理学、脑科学及人工智能科学理论成果的联结性学习，是人类发现、把握并重构知识经验之间的本质联系，从而获得智能意义的学习方式。课程改革倡导"自主、合作、探究"，自主性学习与合作性学习，体现了学习主体由"个体"到"群体"的过程，前者重独立，后者重互助；接受性学习与探究性学习，体现了学习过程由"结果导向"到"问题导向"的转变，前者重结论，后者重经历。联结性学习则体现了学习行为由"有意识的自律"到"无意识的自动"的转变，前者重在"学得"，后者重在"习得"；从"学得"到"习得"，从"自律"到"自动"，是个体学习行为从外显到内隐的深层转化，是一种随时、随地、随机的全方位学习方式。

语文学科中的联结性学习几乎无处不在：识字中注重音形义的联系，文本中关注句与句之间的联系、上下文的过渡、前后文的呼应，阅读理解中重视联系上下文、联系生活经验、联系时代背景等。这些"联系"的背后，是汉语的"意合"特性。与英语的"形合"不同，英语需用形态变化表示语法意义，而汉语依赖"意合"，靠意义的内在联系及语言的外在排序来组词、造句、成文，词、句、文的底层隐藏着一条意义脉络。语文学习就是在语境中建立与把握"外显语序与内隐意脉"的多重联结，由言及意、由此及彼、由表及里……从读懂字面的意思到领会内隐的意义，进而把握作者的意图及言语艺术，感悟理解运用语文的基本规律，并在生活化的语文实践中获得言语智能的发展。语文联结性学习，提倡少一点琐碎分析、多一些整体感悟，恰好与汉语的直觉式思维相契合，是语文学科典型的学习方式。常用的联结方法有四种：一是因果推理，凭借关联词及意义链，把握内在的逻辑关系推断因果，准确理解言语意图及核心要义；二是形式类比，或将相同的言语形式进行归类整理，或对不同的表达形式进行比较，从中发现言语表达的规律或奥秘，丰富自己的语言积累，提升自己的言语表达；三是概念隐喻，运用隐喻思维来理解与表达复杂的概念及思想，形成语文知识网络，改善语文认知结构；四是多元组合，借助汉语"有限手段的无限使用"的组合力，在真实的任务情境中运用语言组合解决实际问题，在言语交际中不断锤炼个体的言语智慧。

联结性学习，是用语文的方式学语文，因而也是语文教学理应重视的学习方式。

什么是好的课堂

孙双金

20 世纪 90 年代，我写过一篇文章《我的好课观》。我认为一堂好课应该是"书声琅琅、议论纷纷、高潮迭起、写写练练"。"书声琅琅"指向学生读的能力。一堂语文课，首先要让学生把书读好，读正确，读流利，读出感情，读出自己的体验。朗读，可以分为"感知性的读""理解性的读"和"欣赏性的读"。初读为"感知性的读"，深入地读为"理解性的读"，最高层次是"欣赏性的读"。"议论纷纷"指向学生说的能力。语文课要让学生充分地表达，表达自己的疑惑，表达自己的理解，表达自己独特的见解，甚至是对传统观念的批判和挑战。"高潮迭起"指向学生的思维能力。好的课堂一定要有智力的挑战，有思维火花的不断闪烁，可以是浮想联翩，也可以是观点碰撞。"写写练练"指向学生写的能力。好的课堂要有字词、句段和篇章的训练，要寻找到读和写的结合点、迁移点，进行扎实、有效、有针对性的训练。

21 世纪初，叶澜教授提出"生命理论"，提倡尊重学生的生命体验、生命感受、生命幸福、生命成长。好的课堂，儿童的生命表现应该是怎样的呢？通过思考，我又提出：一堂好课要让学生"小脸通红、小眼发光、小手直举、小嘴常开"。"小脸通红"指向学生的情绪。要把学生的情绪调动起来，让学生感兴趣，让学生兴奋起来。"小眼发光"指向学生的思维。学生思维的火花被点燃，智慧的大门被开启，思维处在高度活跃状态，学生的小眼才会发光。"小手直举、小嘴常开"指向学生的参与。学生是课堂的主人，是学习的主体，应该充分尊重孩子的所见所思、所疑所惑、所感所悟，让学生充分表达自己的观点。

后来，我又写过一篇文章《好课像登山》。那时我住在紫金山下，周末常常去爬山。上紫金山，最好走的是索道，不费力，一下子就到山顶，但登山者没有享受到沿途的美好风光，没有得到锻炼。

上课就像登山，如果把现成的结论和知识告诉学生，那就像坐索道到山顶，学生没有自己的探索，没有自己的体验，没有自己的感悟，更没有自己深刻的认识。一定要让学生经历探索发现、体验挑战的过程，过程比结果更重要。

好课像登山，要经历山脚、山腰、山顶的三重境界，要经历山穷水尽，经历豁然开朗，经历柳暗花明。这个过程就是学生思维发展、情感体验、智慧成长的过程。

我还写过一篇《激活学生的思维是教学最大的道德》。我始终认为语文课堂也好，数学课堂也好，其他学科也好，思维是核心。语言是思维的物质外壳，是思维的工具，我们需要借助语言来发展思维。抓住了思维的核心，学生的语言才有深度，才有力度，才有自己的个性与独创性。

哲学家说，人是一棵有思想的芦苇，我思故我在。要抓住思维这个牛鼻子，来发展学生的语言能力，发展学生听说读写的能力。不能激活学生的思维，对学生的思维发展没有益处，这样的课堂是不道德的，是对学生生命的不尊重。就像鲁迅先生所言："浪费别人的时间等于图财害命。"

我的家常课和公开课，都想呈现情智课堂的特点。好的课堂要充满浓浓的情意，要充溢着思维的挑战。"情思激荡，高潮迭起"，这是我的教学主张，也是我的教学追求。

课堂，向四面八方打开

孟晓东

习近平总书记在 2018 年全国教育大会上指出："要在增强综合素质上下功夫，教育引导学生培养综合能力，培养创新思维。"随着统编教材全面推广使用，课堂教学如何突破一本教材、一本教参、一本练习册的局限，成为新时代语文教改的新课题。课堂向四面八方打开，也就具有了更加重大的现实意义。

一要把书本打开。经历多轮课改，教学理念整体上从封闭走向开放。但毋庸讳言，许多时候我们站在课堂上，仍会不由自主地落入"按篇上课、逐句讲读"的窠臼，影响了新教材育人目标的达成。统编教材不同于以往的传统教材，它以"人文主题""语文要素"双线并行的方式组织单元体系，将语文的"工具性"与"人文性"融于一体。这样的编排方式有助于提升学生的语文学习力，发展学生语文核心素养，也对教师解读教材、用好教材提出了更高要求。教师要把书本打开，从教材这一"例子"拓展开去，合理地组织"这一课"的教与学，从教材序列设计中发掘整套教材发展学生素养的价值，并展开丰富多样的文本联读，从"一课"走向"一本""一类"，积小流以成江河，使学生素养得到更大限度的发展。

二要把对话方式打开。教学本身就是一个对话的过程，但课堂对话绝不应是学生低声细气、努力迎合老师的答案。《论语》中子路问孔子："闻斯行诸？"孔子说："有父兄在。"冉有问同样的问题，孔子却说："闻斯行之。"孔子因材施教，根据学生不同的性情、品质进行不同的教育。课堂教学也当如此，打开对话方式，首先让"人"进来，基于学情，顺学而导。"你"（学生）想做什么？"我"（教师）能为你做什么？然后才是"我们"一起做些什么。只有"我给的"恰是"你要的"，双方无缝对接，才能形成完美的教学关系。其次，要让"书"进来。深度对话离不开文本的理解领悟，当文本语料、阅读所得成为对话过程中的"谈资"，学生的语言丰富起来，对话也就更为顺畅、深入。再次，要让"事"进来。一方面是指向对话内容的"事"，引导学生联系生活、经验，学以致用，推进对话；另一方面是指向对话形式的"事"，助推生生对话，让伙伴互学的故事真正发生，学习就能由课堂走向课外，由他主走向自主。

三要把思维打开。杨九俊先生主张，教育要"向生命打开，给学生以思维的机会"。学生是鲜活的生命个体，虽然坐在同一间课堂里，但每个人对课本的感悟、教学的领会是不一样的。反观当下课堂，大容量的设计遍布成人思维的痕迹，概念化的学习方法、标签式的文本领悟、公共通用的话语模式、机械刻板的标准答案，拘囿了学生个性化的思维。思维是课堂学习的核心，不能以静态的、成人的结论代替学生思考的过程。把思维打开，最要紧的是让学生的思维流动起来，让思维的择优性、建构性充分发展起来。维果茨基的"最近发展区"理论启发我们，课堂上，只有看到学生的知识储备、已有经验、真实生活，才能让学生的思维舒展开来。杜威的"思维五步法"也告诉我们学习过程中真实情境、真实问题的重要性。教师要善于利用结构性的材料，将学生引入生活情境中，引发认知冲突，引导学生积极探究，促进学生思维的发展与提升。

课改，首先从改课做起

杨再隋

课程改革要从变革课堂做起。变革课堂关键在教师。

与国内其他改革不同，我国课程改革不能走破旧立新之路，而是要行"继承、发展、巩固、提高"之道。课改不是对此前课程实施的否定，而是扬弃和超越。例如 20 世纪改革开放之初，课程改革重提夯实"双基"（基础知识、基本能力），注重基础训练，这既是对过去课程实施中问题的拨乱反正，也是基础教育的本质回归。20 世纪 80 年代，多个识字教学流派风靡全国，涌现出一批以识字教学为特色的著名特级教师，从不同的路径或角度，证明了从小学一年级起，重视识字教学、打好识字阅读基础的重要性。21 世纪初第八次基础教育课程改革，制定"新课标"的专家们在广泛深入调研的基础上，总结广大教师的课改经验，提出了"三维目标"新理念，要求在注重"双基"的同时，经由"过程、方法"，达成"知识、能力"与"情感、态度、价值观"的融通，强调以全面提高学生语文素质为目标，智力与非智力因素相融合。2016 年"中国学生发展核心素养"正式发布，课改又进入了新阶段。如何在课程实施中聚焦核心素养，使核心素养课程化、学科化，成为当前课程改革的新课题。2017 年，普通高中课程分别提炼出各学科核心素养，义务教育课程标准也在酝酿修订之中。新时代课程改革虽然启动不久，成效尚未充分显现，但可以相信，伴随着时代进步和社会发展，以培育核心素养为目标的课程改革必将锦上添花，展现出旺盛的生命力，彰显出鲜明的时代特色。

通过新一轮课程改革，语文教学原有的浮躁之气、浮华之象、浮夸之风已有所缓解。一些闻名遐迩的课改实验，不再追求市场效应，而是向内使劲，认真做好实实在在的实验研究。

一些大型的教学观摩活动也逐渐被小型的教学研修所取代。但是，由于课改面对的是人不是物，既要符合时代和社会的要求，又要满足不同学生身心发展的需要，所以课改也必将面临许多挑战。

当前，语文课程实施还存在不少问题，课堂教学仍有许多不尽如人意之处。其主要表现是教师控制欲太强，牵得太紧，箍得太死，统得太多。课堂上学生整齐划一，异口同声，缺少不同的声音。课堂上学生说的大多是"口水话"，学生思维不活跃，思路不畅通，思维在原地打转，认知在原地踏步走。教师提问多是小问题、浅问题，既无思维价值，也无语言价值。学生少有由此及彼的联想，更少异想天开的想象。课堂上出现的不确定因素，未能及时转化为生成性课程资源。这样的课堂气氛沉闷，教师缺乏激情，学生精神倦怠、情感冷漠，缺乏生机活力。

上述表现，共同点都是违背了学生学习语文的特点和规律。《义务教育语文课程标准（2011年版）》指出，"语文课程是一门学习语言文字运用的综合性、实践性课程"。"课标"还强调："学生是学习的主体。语文课程必须根据学生身心发展和语文学习的特点，爱护学生的好奇心、求知欲，鼓励自主阅读，自由表达，充分激发他们的问题意识和进取精神。"按照"课标"的要求，针对语文课堂的现状，应努力变革课堂，改善课堂，让课堂充满生命的活力，成为灵动的、发展的、有灵魂的课堂。

说
教
学

将教学设计改为学习设计

罗树庚

备课、写教案，我们要将"教学设计"改为"学习设计"。这两年，我内心深处始终回响着这个声音，而且越来越强烈。随着深度学习探索与实践的不断深入，我越发感到"学习设计"的重要性。

几十年来，课堂教学始终难以摆脱"老师讲学生听""老师问学生答"的窠臼，始终无法实现让全体学生全程、尽情投入学习活动，课堂上始终存在一部分学生像看客似的状况。根源会不会在"教学设计"上呢？"教学"对应的行为主体是教师。因此，在设计教学活动过程中，教师自觉不自觉中，就会凸显自己，忽略学生，教学设计自然而然就会偏重于教。长期以来，作为施教者的老师，面对教学内容，考虑最多的是如何"教授"。而"学习"对应的行为主体是学生，教师在设计学习活动时，自然而然就会站到学生的角度，就会凸显学生，淡化自己。不要小看这么一个小小的名称改变，它或许会彻底改变传统的课堂样态，给我们带来一个全新的课堂面貌。

日本教育家佐藤学曾说："20世纪的教师是研究教的专家，21世纪的教师应该是研究学的专家。"其实，学习设计是一门大学问。

在教师的知识结构中，恐怕这一块是需要下功夫弥补的一个方面。不信，我随便问几个问题，看看大家能否作出科学、合理的解答。课堂上，学生在写作文的时候，有的老师喜欢播放一点音乐，你觉得播放音乐好，还是不播放音乐好？学生在默读课文的时候，有的老师喜欢在多媒体课件里嵌入一个倒计时器，你觉得用计时好，还是不用计时好？给学生的答题纸，红、蓝、绿、黑、白等不同颜色，对学生答题有影响吗？什么颜色会削弱学生向难题发起挑战的勇气？这些问题，都和学习设计有关。将教学设计改为学习设计，会促使教师去学习这方面的知识，掌握一些基本的学习设计的方法，从而有效组织学生开展学习活动。

将教学设计改为学习设计，有利于构建以学习为中心的课堂。帕克·帕尔默在《教学勇气》一书中指出，要"构建以伟大事物为中心的教学共同体"。过去，课堂教学大体经历了以教师为中心、以学生为中心、以学习者为中心的几个发展阶段。

当前，大家普遍意识到，教学要为未知而教，为未来而学，要让教学触及学生心灵，要让学习真实发生。将教学设计改为学习设计，能让执教者把关注点与着力点放在学生学习活动的设计与安排上，用一个个或独立或关联的学习活动，架构起一节课的整体设计。在这样的课堂里，全体学生都能获得平等的学习权，都能全程、全员、尽情参与学习。课堂不再是部分优等生占据学习机会，其他学生成为被动看客的地方，而是促进每一位学生深度学习的地方。将教学设计改为学习设计，能让执教者将自己的作用转向倾听、串联、反刍，能让执教者真正成为学习活动的策划者、组织者和引导者。

将教学设计改为学习设计，绝对不是在玩文字游戏。一个词语的改变，改变的是教师的观念，改变的是课堂样态，可以给学生带来高品质的学习和高质量的发展。

课比天大

谈永康

从 2015 年到 2018 年，经常是星期六，在杨浦高级中学，作为关门弟子之一，我有幸一次次聆听人民教育家于漪老师的教诲。入师门时，于老师 86 岁，我只有 43 岁，正好是她的一半。

有时候请学者作报告，有时候于老师自己讲。学者报告时，于老师也像我们一样边听边做笔记，一坐就是两三个小时。报告完了，她作总结发言，条分缕析，常有鞭辟入里、振聋发聩之语。有一次说到某些语文公开课作秀演戏，于老师语重心长地对我们说："课比天大！""我们对学生一定要有敬畏之心，上课哪能随意任性！"

课比天大？我耳边如有惊雷滚过。

黄素在《我的母亲于漪》一文中曾经回忆，他小学二年级升三年级时得了败血症，天天高烧近 40 摄氏度，用了那时最好的四环素但疗效不明显。医生找于老师谈话，说病情严重，让家属"有思想准备"。独生子病危，天要塌下来了，但于老师当时正带高三毕业班，学生正经历着人生重要的时刻。她仍然坚持给学生上课，没有请一天假，但夜里与黄素父亲轮流陪护。多年后，黄素读懂了母亲："尽管她舍不得我，但想到自己不是医生，不会治病，可自己是教师，关键时刻不能离岗。"

老师也是人，也有家，有亲情，但为了学生，她牺牲了太多，因为"课比天大"！

1977 年 10 月 9 日，上海电视台直播于老师的公开课《海燕》，万人空巷。上几节公开课不难，难的是一辈子都在上公开课。评为特级教师后，于老师所有的课、教案、作业批改，都向全市、全国公开，听课人数少则几十人，多则数万人。据不完全统计，于老师从教近 70 年，开了近 2 000 节公开课。观摩

做一名有思考力的教师

过于老师上课的人，都觉得是"一种优美的享受"。但于老师却仍然常常在课后自我"拷问"：你尽责了没有？尽心了没有？你耽误了他们的青春没有？

为了这 2 000 节公开课，于老师要付出多少心血啊！我曾有幸欣赏于老师的教案：《背影》《谈骨气》《一件小事》……一篇篇蝇头行楷，悦目赏心，一字不多、一字不少，有增删、无涂改。为了备好一堂课，于老师常常要花 10 个小时，20 个小时，乃至更多的时间。每次上课前，她都会把上课要讲的每一句话写下来，反复修改，背下来，再口语化，做到"丰而不余一言，约而不失一词"。即使这样，于老师还觉得不够，教书几十年一直坚持写教后记。即便是同一篇课文，也决不用同样的方法教第二遍，她说："文章是旧的，但学生是新的。"她还说："我做了一辈子教师，上了近 2 000 节公开课，反思下来，没有一节十全十美的课，有的还创伤累累。我必须不断学习，刻苦学习。"

天地之间最宝贵的是生命。课的质量会影响学生的生命成长。为了培养有中国心的现代文明人，于老师是如此敬畏生命，"课如果只教在课堂上，教在黑板上，就会随着你声波的消逝而销声匿迹。课要教到学生身上，教到学生心中，成为他优良素质的因子，才算尽到了责任"。

课比天大！于老师"硕学为师，洁身作范"，全身心投入到课堂这个师生共同的生命场，让信念、情操、学识、仁爱闪光，课堂才如此生机勃勃，放射出生命的熠熠光彩。

说
教
学

重视语言运用在语文核心素养中的基础地位

孙双金

《义务教育语文课程标准（2022年版）》的一大亮点，就是提出了核心素养概念，明确了语文核心素养的四个方面：文化自信、语言运用、思维能力和审美创造。语文核心素养的提炼概括，为语文课程指明了方向，深得好评，但一线教师却有些茫然。确定教学目标时，既想强调文化自信，又想突出思维能力和审美创造，结果语文课上得不伦不类，有时像文化宣传课，有时像思维训练课，有时又像审美创意课，恰恰就不像语文课。语言运用被淡化，被削弱的问题不得不引起重视。

为什么会出现这样的现象？一个重要的原因，就是教师对语文核心素养四个方面之间的关系没有搞清楚，教学活动偏离了语文学科的根本任务。

我认为，语言运用在语文核心素养中具有基础地位。语文教学中离开了语言运用，文化自信、思维能力和审美创造就成了无源之水、无本之木。

语言和思维是什么关系？"新课标"指出："语言是重要的交际工具和思维工具，语言发展的过程也是思维发展的过程，二者相互促进。"冯定也说："语言是说出来的思想，文字是写出来的思想，而思想只是尚未说出来或者尚未写出来的语言罢了。"从这个意义上说，语言训练实质上就是思维训练。思维训练应渗透在语言运用的学习之中，不必另起炉灶。

语言和审美是什么关系？"新课标"指出："语言文字及作品是重要的审美对象，语言学习与运用也是培养审美能力和提升审美品位的重要途径。""明月松间照，清泉石上流"为我们描绘了这样的景象：皓月当空，月光透过松林映照在山间小道上，若明若暗，空寂清幽。清澈的山泉流泻于山石之上，淙淙成韵，在月光下闪闪发光。月光透过松林的朦胧美，泉流石上的音乐美，如梦如幻。这样的审美体验正是由语言文字的审美活动产生的，理解了王维诗句语言文字运用之妙，也便完成了审美能力的提升。可见，语文教学中语言运用的学习与审美鉴赏是融为一体的。叶圣陶先生说："作者思有路，遵路识斯真。作者胸有境，入境始与亲。一字未宜忽，语语悟其神。唯文通彼此，譬如梁与津。"这里的"真"，有真切之美。这里的"境"，有意境之美。这里的"神"，有神韵之美。而这三者都应通过语言文字这个桥梁去感受、去领悟、去品味。

语言和文化是什么关系？"新课标"指出："语言文字既是文化的载体，也是文化的重要组成部分。学习语言文字的过程，也是学生文化积淀和发展的过程。"学生诵读《论语》，感受到儒家文化的内涵；诵读《道德经》，感受到道家文化的神韵；"熟读唐诗三百首"，则领略到中国诗教文化的魅力。有人说：把历代经典作品读进去，背下来，化在自己的血脉里，随时随地能表达出来，这就是有文化的表现。可见，培养文化自信也应在学习语言运用的过程中进行。

"新课标"强调："在语文课程中，学生的思维能力、审美创造、文化自信都以语言运用为基础，并在学生个体语言经验发展过程中得以实现。"所以一言以蔽之，语言运用在语文核心素养中具有基础地位，其他核心素养都应通过语言运用的学习来培养，舍此别无他途。

打造自己的"教学工具箱"

魏　星

　　近日，我听了一位青年教师的整本书阅读课，内容是《鲁滨逊漂流记》。教师引导学生画"山形图"，把握小说的主要情节，又抓住典型事例，将鲁滨逊的心态变化折线图画了出来。学生边读边画，有情有趣，很自然地进入故事的情境中。

　　这位教师教学工具箱中的宝贝可真不少。我们在访谈中了解到，不同类型的文本，可以使用不同的"画法"，让学生看见自己的学习过程。这些思维工具并不是冰冷的，外在于学生的。相反，它不仅能帮助学生更亲密地接触文字，更容易地读懂作品，还把读懂作品的方法教给了学生。我原来对此类做法并不陌生，但内心一直有抵触的情绪，总认为它是雕虫小技，会遮蔽语文本身的魅力。但这次在教学现场，强烈的效能感让我认识到：语文教学必须引进、开发更多的思维工具。

　　事实上，统编语文教材的"教学工具箱"更丰富了。各种认知工具的设计，使得助学系统更具体、更活动化了，为语文教学转型提供了更多可能。比如教材中的"快乐读书吧"，既重视设置学生个体的阅读体验情境，同时也引进了一些阅读的策略、方法。但是，这还远远不够，需要开发更多的阅读工具。像前面提到的那位语文教师，积极借鉴国内外前沿的阅读理论，运用手中的工具达成"快乐读书"的目的，这种成长型的心智模式值得肯定。

　　"工具"是实现"目的"的手段。要达到教学目的，教师必须丰富自己的教学工具箱。教师的教学工具箱丰富了，学生的学习工具箱才有可能更丰富。教师自身的听、说、读、写、评的能力，是工具箱中最基础、最重要的本体工具。教师要在掌握语言工具的基础上，尽可能地锻造更多的教学工具。十八般武艺精通了，课堂教学才会游刃有余。于永正老师教学《倔强的小红军》，教到动情处，自己范读了一遍，全班一片静寂，学生的眼睛里闪烁着泪光。李吉林老师教学《弯弯的月儿》，用简笔画在黑板上呈现情境，并自弹自唱，师生进入美的境地。显然，他们都拥有一个充满魔力的教学工具箱。根据教学的实际需要，他们总是站在学生视角选择恰当的实现手段，使得"目的"与"工具"融为一体，同构共生。老一代语文教师给我们作了示范，他们自带工具，并将其完全"化"到自己的教学生命中。新一代教师若是在自修内功的前提下，拥抱新时代更先进的读写策略、方法，并将其有机融入自己的教学中，必将带来语文教学结构性的变化。

新时代教师要构建更高水平的语文教学样态。新型教学样态要呈现强而有力的语文知识，并借此带动更高质量的语文实践活动。先进的认知工具本身就是一种知识，为学生提供强而有力的活动支持。一位教师教学《夏天里的成长》，通过"作者写了各种各样的事物，为什么一点儿都不觉得凌乱呢"这样的问题引导阅读，学生发现作者先说中心意思，再按照植物、动物、山河大地的顺序，由万物生长写到人的生长。教师根据学生的回答，很自然地在黑板上呈现"金字塔"状的反映课文内在逻辑结构的思维导图。学生非常惊奇，由"夏天里的成长"迁移到"冬天里的成长""岩缝里的成长"等，并学画"金字塔"思维导图来帮助表达。掌握了"金字塔"思维导图这种工具，其实也就掌握了一种言语图式，一种思维方式，一种在真实情境中进行语用活动的生活方式。

了解"新高考"方向　更懂"小语"教学

黄国才

随着"新高考"政策落地，高中语文教学必定呈现出新样态，初中、小学的语文教学也将产生积极的变化。如果我们对"新高考"有所了解，就会更懂小学语文教学。

先看看"新高考"怎么出题吧。

郑国民教授团队在《教育评价变革背景下语文学科核心素养测评框架研究》（《课程·教材·教法》2021年第2期）一文中，用这样一道古诗文情境的测试题举例——

（阅读材料略。说明：提供的阅读材料共两篇，分别为梅尧臣的《苏幕遮·草》和苏轼的《水龙吟·次韵章质夫杨花词》）

1. 在诗人笔下，"草"这一意象有多种含义，常常被赋予不同的情感和意蕴。请写出三句含有"草"这一意象的诗句。要求：每句表达不同情感，不得抄录材料中的诗句。

2. 在语文课上，你们阅读了这两首词，请用一段话表达你的阅读感受。

3. 咏物诗有三种境界：看山是山，看水是水；看山不是山，看水不是水；看山还是山，看水还是水。以上面两首词中的任意一首为例，谈谈你对某一境界的理解。

4. 宋代沈义父在《乐府指迷》中说："咏物最忌说出题字。"结合这两首词说说你对这句话的评价。

这些题是考查高中毕业生古诗文情境的语文核心素养的。乍一看，是"高中生"的；细一瞧，不都是"小学生"的吗？

写出"含有'草'这一意象的诗句"，小学生要求背诵的古诗词多达一百多首，并且还要求分类——就像图书馆的书架——以便迅速提取和运用，写一写感受，以促进深入理解。

"说说你对这句话的评价"，是考查对某一观点的评价能力。

小学语文二年级就开始提出此类要求，并且随着年级的升高不断提高，如：二年级《小马过河》的课后练习，就提出"你同意下面的说法吗？说说你的理由"；三年级《父亲、树林和鸟》则提出"你同意下面这些对父亲的判断吗？说说你的理由"；五年级《忆读书》又提出"你是否赞同作者的这种读书方法？和同学讨论，说明理由"；等等。

但是，我们平时教学中却常常落实不到位。比如，三年级摘抄"写得好的语句"，提出"归类摘抄""在旁边写写感受""注明出处"等新要求，学生却依然只作简单抄写；三年级要求学习用规范的修改符号修改习作，学生却还是在"乱涂乱改"；六年级《口语交际：演讲》中要求写演讲稿，但六年级学生几乎没有写过演讲稿（2019 年、2020 年连续两年高考作文都考到演讲稿）；等等。

我所说的"了解'新高考'方向，更懂'小语'教学"，并不是要将高考的内容和要求"下放"到小学，超标超本，揠苗助长，而是希望老师们多多了解"新高考"方向，看看其命题是怎样落实《普通高中语文课程标准（2020 年修订版）》精神，怎样考核语文核心素养，怎样"促进教、学、考有机衔接，形成育人合力"的。这样才能与时俱进，在小学语文教学中落实好《义务教育语文课程标准（2022 年版）》的精神要求，更有效地用好统编教材，提高小学语文教学质量。

上好每一堂课

罗树庚

把课上好，对一名教师而言，其重要性怎么形容都不为过。这就好比当农民的，要把地种好；当足球运动员的，要把球踢好；当歌手的，要把歌唱好。教师搞研究、写文章当然也重要，但这些与上课相比，都可以排在后面。

要把课上好，首先得把课备好。特级教师王崧舟每备一节课，都要到"皓首穷经"的地步。为了上好纳兰性德的《长相思》，他几乎读遍了纳兰性德的所有作品，查阅了所有能查到的资料，翻遍了所有名家对纳兰性德作品的解读，最后连完整的教案都没写完，就进课堂上课了。然而，课堂上教学一环接着一环，流畅而富有诗意，这一课成了王崧舟老师"诗意语文"的巅峰之作。

王崧舟老师的备课方法，就是尽可能多地参阅相关资料，最后在万千浩渺中神龙出水，理出属于自己的那个教学设计。

特级教师贲友林，在小学数学界赫赫有名。他备课时先研读教材，不参阅他人教学设计、教学参考；自己把教案写好之后，再翻看教学参考用书、他人教学设计，在比照中吸纳他人的优点，对自己的教案作修改、微调。这种备课方式更具挑战性，对专业成长也更有帮助。

贲老师备课还有个成功秘诀，那就是"与自己同课异构"。第二次执教同一个内容时，不看自己过去备的教案，而是重新备，新教案写出后再和自己第一次备的教案比较对照，取长补短。这样的备课方法，同样有利于专业成长。

著名数学家苏步青说："如果你用一分力量备课，两分力量上课，你就要用三分力量批改作业。反之，如果你用三分力量备课，两分力量上课，你就可以只用一分力量批改作业。"此言确实不虚，足以说明备好课对提高教学效率有多重要。

对一名教师而言，备课就是伟大的写作。我们从教几十年、一辈子，认真备好每一节课，这些教案就是一名教师最伟大的著作。

要上好课，有许多方法策略，听自己的课，就是其中很有效的一种。当今社会科技发达，可以带一支录音笔进课堂，把上课过程录下来；可以找个支架，用手机把自己的课录下来；还可以开启教室里的一体机，用录制软件把自己的课录下来。之后，再利用空余时间从容地回听、回看。这时候，你会发现自己有许多需要改进的地方，比如说话啰唆、有口头禅，比如因表达不清楚造成学生误解，比如没有及时抓住学生发言中的闪光点而错失指导时机，等等。每节课都回听、回看，可能没有那么多时间，可以一个星期录制一次。若还是做不到，我们可以一个月录制一次。如果能坚持三五年，不断地听自己上课，不断地改进提高，课怎么可能还上不好？

时下教师工作外延不断扩大，"静心教书、潜心育人"时常受到干扰，但无论如何，备好课、上好课都应是我们努力坚守的底线。让课堂教学不断优化，焕发生命活力，让课堂成为学生生命拔节的地方，也成为教师自我成长的阵地，其乐无穷。而这一切，都基于我们认真备好每一节课。

努力备好每一节课，上好每一节课，对一名教师而言，没有比这更重要的了。

说教学

学习有用的语文

杨文华

20世纪90年代的一天，于永正老师的一位邻居大爷找到他，请他代写一封家信。于老师问："你孙子读小学六年级了，怎么不让他写？"大爷说："我叫他写，他说不会。"

于老师深受触动，感慨道："我们教了学生六年语文，孩子连一封信都写不了。这语文学了有什么用？"于是，他着手开展"言语交际表达训练"教学改革实验，从言语交际的实际需要出发，寻求变革之路，让语文学习为社会言语交际服务。于老师每堂言语交际表达课，都要创设真实的言语交际情境，让学生感受到言语表达的实际价值。

例如"认识苹果"的主题实践活动——

1. 宣读开展"认识苹果"活动的通知，让学生向家长转述活动内容和要求。

2. 组织学生到果园参观，请农艺师介绍五种常见的苹果。每人买回一包苹果，回去向家人介绍这五种苹果的特点。

3. 筹办苹果展览会，全班分五个组，每个组为一种苹果写一份说明书，与苹果一同展出。

4. 学生撰写海报，张贴于校园内，通过广播告知全校师生何时、何地举办苹果展览会，欢迎全校师生前来参观。

5. 举办苹果展览会，各组同学分别为前来参观的师生作现场解说。

6. 为报社撰写通讯报道，并选一张学生为参观人员解说的照片，配上一段说明文字。

这次活动，于老师组织了三次口语交际训练：向家长转述活动通知，向家人介绍五种苹果的特点，现场当讲解员；四次实用文写作训练：写说明书、设计海报、学写报道和照片说明。学生深切感受到口语交际、写作的实用价值，积极性很高，表达的质量也特别好。

由此想到教育部 2022 年 4 月颁布的《义务教育语文课程标准（2022 年版）》。

"新课标"提出素养目标，课程改革最终目的是让学生形成应对生活挑战的核心素养，能够知行合一、学以致用。这同于老师"言语交际表达训练"改革意图不是不谋而合吗？

"新课标"提出以学习任务群的形式组织和呈现课程内容，目的是引导学生在动态的语文实践中学习语言文字运用，不再强调知识的系统和完备，更不提倡脱离实用场景的纯技能练习，而是要努力追求课程内容、学生生活、社会实践之间的关联和融通。

于老师组织的"认识苹果"主题实践活动，既有真实的语言交际情境，也有一个个具有挑战性的驱动任务，学生成为活动的主人，融语言交际实践、苹果知识学习、展会规划组织、海报美术设计、小组交流合作于一体，促进了多方面素养的发展。这不就是一个比较典型的跨学科学习任务群吗？

教育家杜威曾说过："最好的一种教学，是牢牢记住学校教材和现实生活二者相互联系的必要性，使学生养成一种态度，习惯于寻找这两方面的接触点和相互的关联。"陶行知先生提倡"教学做合一"，他说："事怎样做就怎样学，怎样学就怎样教；教的法子要根据学的法子，学的法子要根据做的法子。"

说到底，学生核心素养的形成跟他们的生活实践有着密切的关联。这就要求我们教学要立足生活，在学生熟知的环境中发现连接点和生长点，从司空见惯的生活细节中创造学习语文、提升综合素养的契机，努力让他们学以致用。这样，学生的语文学习就有了厚实的土壤，就同他们的生命成长融为了一体。

让语文植根于生活的土壤，学习有用的语文，正是语文课程的追求。

说
教
学

语文教学需要适于脑

谈永康

我的童年是在一个江南小镇上度过的。

小学坐落在小镇西边。课间，我们常常趴在教室的窗户边，看绿绿的桑葚慢慢变红。偶尔也有不知名的小动物哧溜一下蹿过去。再北望，芦苇一望无际，夏秋季节，沙沙声不绝于耳，那是太湖吟唱着岁月之歌，永不疲倦。

清早，我们背着书包，走过街道，再穿过一条小巷，就到学校了。迎面是高高的照壁，上面有毛主席的书法大字：向雷锋同志学习。现在回忆，读小学的五年，学校每年的学雷锋活动都雷打不动，且轰轰烈烈。烟花三月，草长莺飞，我和伙伴们一有空就扛着扫把、拖着簸箕，到处做好事。

那时学习条件差，教室也是泥地，但这并不妨碍美的存在。语文老师写了书法字，就贴在墙上，我们日日仰视。印象特别深的一幅作品是：书山有路勤为径，学海无涯苦作舟。奇怪的是，老师从来没有让我们读过，更没有作什么解释，但是后来中师毕业时，我给同学留言就引用了这一条。如今想来，是觉得这话特别好记，又特别励志吧。

那时，我还不知道这是内隐学习，也不知道学习需要内隐记忆，需要遵循脑科学原理，也就是基于脑、适于脑，进而促进脑。

语文对一个人影响深远，但学好语文非下一番苦功夫不可。背诵一定量的经典诗文就是其中之一。落实到教学中，读、背一般都是"刻意练习"，有利有弊，利在效率高，弊是很费脑。因此，机械、重复的训练既违背语文学习规律，更不符合大脑需求。"饭菜"再好，大脑没有"胃口"，对所学内容的消化吸收就成了大难题。而内隐记忆这时可以大显身手。

脑科学研究表明，在非注意状态下，儿童也可能对环境信息保持敏感，并逐步习得大量的知识、规则与行为方式，这就是内隐学习。显然，语文教学走向科学，就需重视发展学生的内隐记忆。研究表明，这种记忆的容量是无限的，与外显记忆相比，神经细胞活动水平有着显著差异，内隐记忆参与的细胞数少，耗能少，信息加工效率高。

一次，我有机会听到特级教师管建刚的一堂示范课，让人耳目一新。学生在完成读、思、写（包括写字）学习任务时，管老师给足思考、练习时间，同时又考虑到部分学生的需求，安排了"奖励题"，即出示民国老课本中的一则短文《灯（上）》，完成任务的学生可以自由学习。全文如下："谭儿将卧，指灯而言曰：'汝夜夜照我读书，其我之好友乎……'"

这多好啊，课堂上有了自由时间，学生愿意读就读，愿意背就背。这就是尊重学生，就是尊重大脑，适于大脑啊。

反观当下语文教学，普遍存在着知识至上、训练机械、方式简单等问题，这已经影响到学生思维的活跃、审美的展开、情感的迸发、个性的完善。大家为此着急，也都在寻找更好的语文教学。

人最复杂的系统是大脑。语文教学，最重要的是要尊重教育规律，而尊重教育规律在很大意义上就要尊重脑科学的规律。在创新成为时代要求的今天，学习、运用脑科学的最新成果，语文教育才能创新，才能变得更好！

当然，适于脑的学习方式、策略很多，除了上面提到的内隐记忆，还有多感官学习、培育积极情感等。总之，大脑具有可塑性，每个人的大脑都独一无二。学习本质上是塑造人的大脑。我们语文教师要多学习脑科学，创造基于脑、适于脑、促进脑的学与教。

说
教
学

阅读教学的根本是什么

孙双金

阅读教学的根本是什么？这是我们语文教师首先要认真思考的问题。

阅读教学的研究文章浩如烟海，数不胜数。我们的前辈先贤以及同仁们进行了艰辛的探索，取得了瞩目的成就。但正因为研究得多了，细了，"乱花渐欲迷人眼"，我们反而会乱了心神，无所适从。不知不觉，我们会过度沉溺于技术层面的探究，而忘掉本源性的思考。我们要经常驻足回望，回望起点、回望源头、回望根本。

回望根本，就是探寻阅读教学的基本规律，探寻阅读教学的根本大道。

孔子的弟子有子曾说过："君子务本，本立而道生。孝悌也者，其为仁之本与！"

有子不愧为孔子的得意门生，思考问题的角度很独特。他认为做人做事都应抓住根本。抓住根本，做人之道、做事之道自然而然就有了。做人的根本是什么呢？有子认为就是"孝悌"二字。一个人从小具有孝顺父母、敬爱兄长的品性，做人、做事、治理国家就不会偏离根本大道。

做人有根本，那么阅读有根本吗？有，这便是"厚积"。

大文豪苏东坡在《稼说送张琥》一文中就说过："呜呼！吾子其去此，而务学也哉！博观而约取，厚积而薄发，吾告子止于此矣。""厚积薄发"的成语出于此处，成为读书治学的经验之谈。

诗圣杜甫在《奉赠韦左丞丈二十二韵》中也提道："读书破万卷，下笔如有神。"有了"读破万卷书"的丰厚积淀，才有可能达到"下笔如有神"的境界。

蘅塘退士孙洙编选了《唐诗三百首》，在序言中说过的一句话更是广为流传："熟读唐诗三百首，不会吟诗也会吟。"这里强调的同样是"厚积"的重要性。

今天，统编教材强调大量阅读，提倡读整本书，设置"快乐读书吧"，就是遵循几千年来中华母语学习注重"厚积"的规律，抓住了阅读的根本。

做人有根本，阅读有根本，那阅读教学有根本吗？我认为也有。思之再三，我认为阅读教学应该"思维为本"，也可以说"思考为本"。其实"思维为本"，就是"语言为本"，因为思维是语言的内核，语言是思维的工具，是思维的载体。

"思维为本"，说起来也是源远流长。

孔子曰："学而不思则罔。"这可能是对学习与思考的关系最经典、最精粹的论述了。阅读教学一旦失去思考，就将陷入迷惘而不知所从的糊涂状态。

"学贵知疑，小疑则小进，大疑则大进。"这句话则揭示了学习中大胆质疑、独立思考的可贵。学习如果没有独立思考，没有大胆质疑，就不会有多大进步。

恩格斯在《自然辩证法》中写道"地球上的最美的花朵——思维着的精神"，强调人因为思想而美丽，而伟大。《世界史纲》的作者韦尔斯也说过："整个人类的历史基本上就是一部思想（思维）的历史。"语言、文章靠什么去唤醒人，鼓舞人，打动人？靠的是内在的思想，而不是华丽的辞藻！正因为此，萧统在《文选序》中指出："老庄之作，管孟之流，盖以立意为宗，不以能文为本。"

总结一下：做人，孝悌为本；阅读，厚积为本；阅读教学，思维为本。"本立"则"道生"焉！

走向"理解"的语文学习

吴淼峰

就学习而言,"知道"与"理解"是两个不同的概念。

"知道"一般指向某种事实、现象或常识等,处于认知的浅表层次。举个简单的例子,"钉""叮""盯"三个形声字,声旁都是"丁",这是学生"知道"的知识。但为什么这三个字都有"丁",跟"丁"有着怎样的关联,掌握这一基础性知识具有怎样的意义,学生未必清楚。这便需要"理解"。

从"声旁的意义关联"这一概念出发,启动"语言文字积累与梳理",还原"丁"的基本义,发现汉字的构字特点与意义联系,能帮助学生透过现象探寻根源,建构起对形声字的"理解"。基于"大概念"的"理解",有助于透过"事实性知识",发现背后的"抽象性含义";聚焦"概念的核心",进行"结构化解读",能引导学生在孤立的知识间建立联结,为活用知识奠定基础。

"知道"往往跟"结论""结果""答案"等词汇紧密相连,其教学行为往往表现为:教师讲,学生听;教师点,学生读;教师说,学生记。《老师如何提问,学生才会思考》一书这样描述:"他们(学生)知道即使保持沉默,老师也会把问题的答案和盘托出,所以他们懒于处理信息,也不能对问题形成深刻理解。"很显然,这样被动地学习,单纯追求结果,是无法实现认知迭代与思维进阶的。

由这层意义而言,"新课标""学习任务"概念的提出,无疑具有匡救"时弊"的作用。在核心素养理念烛照下,引导学生围绕挑战性问题或项目,"通过任务学习,用语文做事",在真实应用情境中自主学习、合作探究,充分经历语文学习的过程,洞悉个人认知局限,学着像专家一样思考,能帮助学生实

现语言与思维的共生、审美与文化的共融、素养与生命的不断
拔节。

"知道"一般是显性的，而"理解"则往往是隐性的。要
了解学生是处于"知道层"还是"理解层"，可以进行适时适
度的追问和逆向性的评价。

《浙江省小学语文学科教学基本要求》指出："对理解性、
感悟性提问的回答，要注重过程，采用追问、延时反馈等方式
提高训练效果，培养创新思维。"学生的学习一般表现为三种样
态：一种是似懂非懂，蒙对的；一种是一知半解，猜对的；还有
一种是基于"理解"，真正学会的。多问几个"你是怎么想
的"，多鼓励学生"说来听听"，便能通过学生的言语表达透视
其思维展开情况，获得清晰的判断，然后借助追问、联结、比
较等策略，引领学生透过现象看本质，获得真正有深度的"理
解"，走向积极的语言运用。

评价是监测"理解"的重要手段。确定了教学目标，设计
学习任务之前，我们便须研制评价工具，确立评价标准。评价
的逆向性设计，有助于评估"理解"的真实程度。学生能否用
"知道"的知识"做事"，将所学的知识技能灵活地、创造性地
迁移到新情境中去，更好地应对真实的挑战，是评价的核心
指标。

总而言之，"知道"是走向"理解"的基础阶段，"理解"
是走向"运用"的核心环节。教学不能仅仅停留在"知道"层
面，而是要从"浅层的知道"走向"深度的理解"，最终能够
"迁移运用"，实现学生核心素养的综合发展。

学习方式变革的内涵与价值

成尚荣

《基础教育课程改革纲要（试行）》颁布已有二十年。还清清楚楚记得，"纲要"改革具体目标里写着改变学习方式，"倡导学生主动参与、乐于探究、勤于动手""培养学生分析和解决问题的能力以及交流与合作的能力"。学习方式变革是基础教育课程改革的重点之一。

二十年后的今天，这些话还是那么鲜亮、灿烂，仍在引导着今天的课改。改革总是在一些基本问题的解决中行进。所谓与时俱进，就是顺应时代要求，在基本问题的认知上不断深入，在实践上不断突破。当下我们应该深入思考的是：学习方式变革与中华民族复兴究竟有怎样的关联？学习方式变革只是一种方式变革吗？它是如何担当起培养时代新人重任的？

2020年，中国教育学会首届基础教育论坛在南京举办，主题就是聚焦育人方式，培养时代新人。会上，北京十一学校校长李希贵作主题报告，讲了北京边远地区九渡河小学的故事。一直蹲点北京十一学校的教育专家沈祖芸老师后来也讲过这个故事，引起广泛的关注。

九渡河小学是怀柔区深山里的一所小学。校长于海龙在周边山村里贴出告示，招聘辅导老师。告示贴出一周时间，有80多人报名，剪纸的、做豆腐的、做灯笼的、养蜜蜂的、养鱼的……都是普通村民。这些辅导老师和学校老师一起，带领学生开展了很多活动，其中一项是做豆腐。于校长不仅要求把豆腐做出来，还要卖出去。师生们积极迎接挑战，各种文化课程都融进来了。

哪些课程融进来，怎么融进来的，过程不必细说，各位老师可以发挥想象力。沈祖芸老师说："学生们带着真问题去满世界寻找解决方案，这才是学习本来应该有的样子。"

这所山村小学课改的故事，生动而又深刻地阐释了学习方式变革的内涵与价值。

第一，学习方式变革是与课程改革内容镶嵌在一起的。学习方式变革其实是课程实施的改革，能够牵引课程内容的改革，体现的是课程整体改革的理念。

第二，学习方式是在学科融合中变革的。故事中所说的"融进来"，指的就是科学、数学、语文等学科的融合。黄豆与水的比例、重量单位的换算、广告文案的编写等，涉及多学科知识的学习和运用，培养的是综合素养，体现的是综合育人的思想。

第三，学习方式变革折射的是学习理念的根本转变。在真实、复杂的情境里学习，在生活中学习，在用中学，在创中学，体现的是实践育人的原则。

第四，学习方式变革把学生带到了更加广阔的时空中。学生满世界寻找解决方案，这培养的是创新与实践能力，发展的是核心素养。

不难看出，学习方式变革不是孤立的，它影响着整个课程改革；学习方式变革实质就是育人方式变革。因此，学习方式变革在课程改革、培育核心素养与担当民族复兴大任之间搭起了一座桥梁，其价值实在不可低估。

语文学习方式变革也可由此得到启发。无论是任务群还是单元教学，无论是大观念还是跨学科学习，其最终目的都是让学生成为真正"脚下有根、眼里有光"的一代新人。

说
教
学

由小雨晗出书想到的

杨文华

杭州天长小学的学生查雨晗即将出版一本幻想小说——《鹰王传说》。闻此喜讯，很为她高兴。早在小雨晗上一年级的时候，我就熟悉她，因为她是我的好朋友浙江省特级教师施民贵所带的一群学写微童话的学生之一。

施老师认为，一年级孩子就可以创作一个意思完整的童话故事。课上，施老师给孩子们一张有意思的照片，和他们一起编童话。孩子们兴趣盎然，编出的童话丰富多彩，想象远远超出老师的预期。其中就有一位叫查雨晗的小女孩，每次编出的童话都与众不同。

有一次，施老师给的是一群狗狗在一棵大树下排队的照片。施老师根据照片写了一篇微童话——《狗狗排队撒尿》，大意是一群狗狗找不到撒尿的地方，看到一棵大树，就排着队轮流在树下撒尿。而查雨晗写的是《狗狗们报学校》——狗狗校长开了一所森林学校，非常漂亮，所有狗狗都来报名。狗狗校长说："想报名的请到大树下排队。"于是，狗狗们整整齐齐排好队，有秩序地报名。

施老师看了查雨晗的作品自愧不如，感叹孩子的想象力远远超出大人，创造力不可小觑。微童话写作班开了一年，雨晗写了200多篇，篇篇都别出心裁。爸爸妈妈将她的作品打印出来，结为一本童话集。

现在，小雨晗就将拥有第一本正式出版的书了。欣喜之余，也令人深思：为什么那么多孩子害怕作文，而小雨晗却乐此不疲？

作文教学中一些固化的观念，的确需要反思了。

我们一直认为，一年级孩子只能做比较简单的写话练习，句子比较完整通顺就不错，不必要求写意思完整的故事。小学写作训练顺序是低年级写话，中年级写片段，高年级才写成篇的文章。

通常我们都认为，小学生写作只是一种习作，是为将来作准备的，至于是否与当下生活相联系，有没有实际价值，很少在我们考虑范围之内。

这样的写作与学生当下生命体验与需求脱离，学生感受不到写作的意义和价值，慢慢将其视作一种被动的作业，进而产生厌烦和抵触情绪。

能否让小学生在起步阶段就感受到写作的实际意义，品尝到写作的快乐呢？小雨晗们的成长经历再次给了我们确定的答案。施老师的微童话写作指导激发了孩子们的创作热情，他们几乎每天都能写一篇微童话。对他们而言，这种由兴趣引发的语言创作，完全是一种其乐无穷的智力游戏，他们从未感到是苦差事。

施老师教孩子编微童话的方法也与传统的写话练习不一样。通常情况下，低年级写话重在句子完整通顺，而施老师则更强调写一个意思完整的故事，强调个性化的独创性表达。在无拘无束的自由表达中，孩子的想象力和语言创造力得到了充分发展。

这方面，英国专家早就做过研究，让小学低年级孩子给幼儿园小朋友创编童话故事，结果发现，他们编的故事深受幼儿园小朋友欢迎。

苏联教学心理学家列乌杜斯和涅枯列经过多年实验研究得出结论：小学低年级学生发展书面语言的最佳情境，不是转述指定的内容，而是进行语言创作活动。只有创设创造性的情境，让孩子们写自己有独创性的文章（童话或者故事），才能充分激发他们的作文动机，全面培养他们产生思想内容、表达思想内容的能力。

小学生出书尽管是个别现象，不能希望每个孩子都如此，但这至少给我们带来启示：引导学生在真实的交际情境中进行有意义的创造性表达，是作文教学走出机械训练困境，让孩子乐写、善写的有效路径。

能不能做点其他作业

谈永康

每逢节假日，小区的游乐园一下子会热闹无比。所谓游乐园，不过是一块草皮，加了滑梯、长椅子而已。可是这又有什么关系呢？大大小小的孩子奔跑着，追逐着，嬉戏着；他们的笑声与喊叫声，几乎要把小区的天给顶破……

然而，这美好的一切会突然消失——只要开学或双休日结束，这里又会鸦雀无声，死寂一片。

孩子们都哪去了？一位家长告诉我："做作业去了！你看，一年级就每天发一张16开的练习纸，正反面的，每次还有阅读题，有时连注音也没有，得一边读一边教孩子做，日复一日，都很痛苦。"

我不由想起于永正老师讲述的一个故事——

1997年，吉林市丰满区举行小学毕业班统考。结果出来了，大家惊讶地发现：全区3 000多名毕业生，语文前17名的学生都是区第二实验小学杨巧云老师班上的，而且，班里的其他学生排名也很靠前！

杨巧云是谁？大家在问。

杨老师没有上过公开课，也没作过讲座，这样一个默默无闻的人，怎么能教出语文成绩这么优秀的学生？这件事惊动了省教研室的邓治安主任。这位全国著名的语文教育专家带人到学校去调研，看看杨巧云是怎么教语文的。杨老师说："六年来，我只抓了两件事，一是大量地读课外书；二是写日记，有话则长，无话则短，但要坚持写。"专家问有没有其他作业，"别的家庭作业基本上没有。"杨老师如是回答。

她拿出保留的一部分学生日记给邓主任看。学生的日记，包罗万象，写法不拘一格，长的上千字，短的只有一两句话……一位学生写的一篇《论关羽》，让邓主任大为惊叹。学生写道："关羽忠义固然可嘉，但他胸无全局，以至于把刘备的事业葬送了。"关羽哪里忠义，哪里胸无全局，学生写得翔实，一篇日记洋洋洒洒好几千字！

杨老师的作业有哪些？

只有两个字：读、写。如果要再加两个字，那就是：多读多写。

可以说，杨老师的作业简单到了极点，但是学生喜欢，做得投入，做得有效，原因就是于老师总结的："靠自己读书成长起来的学生，不但结实，而且有可持续发展的后劲。"

反观日常所见的语文作业，不能说无效，但大量、重复、机械，把学生读书的时间"做"掉了，也把学生刚刚燃起的兴趣之火浇灭了。朱永新教授曾在微博里介绍过国外的一项研究成果，科学家专门研究孩子们作业和智力发展的关系，结果很有趣：作业做得越多的孩子越傻。

好的作业，就应该让孩子的负担轻一些，压力小一些，睡眠多一些，身体好一些，学习主动一些；好的作业，就应该让孩子有身心成长的空间，与大自然亲近的时间，与社会接触的机会。毕竟，孩子是在读书、观察、表达中学习语文，也是在这样的活动中成长起来的。

不要用作业去剥夺孩子的欢声笑语，更不要用作业去霸占孩子的阳光时段，这需要语文老师拥有一份情怀，并有改革的勇气。

期待每一次作业都让学生有看得见的进步，都能听到生命拔节的声音。

在备"功夫"上下功夫

于永正

　　一位老师要教《高尔基和他的儿子》，向我要这一课的教案。我抱歉地告诉他，在学校时，我每课都备有详案，因为领导要检查。到了教研室和退休以后上的课，再无教案了。有的只是一个教学过程，此外，还有我练写的字词、造的句子和写的下水文等。

　　说完，我把《高尔基和他的儿子》的"教案"翻给他看。果然，备课本上的第一页只写了教学过程：

　　一、指导书写"妻""庞"。二、指名读全文，相机纠错。三、老师范读全文，要求学生看书听。四、老师再次范读全文，要求学生看老师的表情听。讨论：老师和学生读得有什么不同。五、学生默读全文，画出重点词句，并加批注。师生共同交流画的重点词句以及加的批注。六、以高尔基儿子的名义给高尔基写一封回信。然后师生共同交流。

　　备课本的第二页，我工工整整地写满了要求学生写的字和抄写的词语。第三页附有复印的《高尔基和他的儿子》全文，上面有我画的重点词句和加的批注。备课本的第四页附有我用稿纸写的下水文——《给高尔基的一封信》。

　　这位老师有些失望，他说："这个教案我用不上了。"是呀，"教案"只有那干巴巴的六条，让人家"参考"什么呀！

　　我告诉这位老师，我备课是把时间花在"备功夫"上的。备哪些功夫呢？

　　一是备朗读的功夫。

　　备课先备朗读。第一，要读熟，练到看到每句话的前三个字，眼睛即使离开课本也能把下面的话读出来。读流利，并不容易，一句话哪些词语要读得紧凑，哪些地方要停顿，哪些地方要舒缓，都是有讲究的。第二，要读出恰当的语气，这一点更难一些。目前，朗读存在的最大问题是语气不自然，矫情做作。更难的是读人物的对话。说话人的身份、思想感情、性格特征乃至性别、年龄等因素，我都要考虑到。要做到"读谁像谁"。我觉得，朗读好了，备课就成功一大半了。

二是练"背"的功夫。

凡是要求学生背的课文或片段，我先背下来，这是硬任务。即使不要求学生背的但写得非常精彩的课文，我也背。老师的背诵对学生的影响、激励作用是非常大的。他们不再视背诵为苦差事。

三是备书写的功夫。

凡是要求学生写的字词，我一定照着楷书字帖练习，一直写到自己满意为止。否则，你怎么指导学生写呢？怎么示范呢？

四是备"写"的功夫。

"写"包括写下水文、造句等。要求学生造的句子，我会把这个词使用的范围查清楚，尽量多造几个句子，让学生对这个词语的词义有个正确全面的掌握。

五是还要练"一眼看穿"的眼力。

书读多了，这个本领是会修炼出来的。我画的《高尔基和他的儿子》这一课的关键词句，有些学生是看不出来的，我加的批注，学生也是理解不到的。因为，老师能"一眼看穿"。这样，在教学中才能起到引领作用。准确、深刻的批注叫作"一语道破"。这个本领老师也要具备。当我做好上述几点准备之后，我就可以胸有成竹地走进课堂了。

这位老师说："我如果做好了上述准备，也能把这一课上得卓有成效。"分别时，他信心满满地说："于老师，等我执教这一课的时候，请您一定来听听哦。"

说

教

学

老师，你可以拥有自己的课程

孙双金

2014年的圣诞节，南京市所有在职语文特级教师相聚在扬子第四小学，开展了一次"金陵特级话语文沙龙"活动。其中一场专题为"课程，再向前走一步"，老师们就课程发表了各自的见解，介绍了各自的课程实践。我作为参与者，有一个鲜明的感受：对课程的理解，还有相当一部分老师关注点在"就教材教教材上"。

遥想朱自清、叶圣陶在中小学当老师，他们好像不是就一本语文书教语文。他们常常是自己编写教学大纲，撰写教学讲义，甚至亲自编制教材。

我想，一个好老师，不仅能教好国家课程、地方课程和校本课程，还能建构自己的教师课程。所谓教师课程，就是教师为了学生的发展，根据自己的知识背景、文化底蕴、个人爱好、研究专长而开发出来的独特的具有鲜明个性色彩的课程。

为了说得明白一点，我举两个例子。

其一是我开发的"李白课程"。前几年，我上了一组"李白课"。第一课为"李白是仙"，第二课为"李白是人"，第三课为"李白是侠"……

"李白是仙"这一课，我引用杜甫《饮中八仙歌》导入，然后讲述李白饮酒作诗赞美杨贵妃的故事，引导学生在绘声绘色的故事中走近诗仙李白。接下去我让学生对比学习李白的《望庐山瀑布》和徐凝的《庐山瀑布》，在比较中领略李白的奇妙想象和神来之笔。为了让学生更充分感受李白诗的神韵，我又补充了他的《秋浦歌》和《夜宿山寺》。补充《秋浦歌》意在感受李白诗的极度夸张；补充引用《夜宿山寺》意在体会李白诗的浪漫想象。课的结尾，我讲了李白在酒楼醉酒即兴应答湖州司马的诗："青莲居士谪仙人，酒肆藏名三十春。湖州司马何须问，金粟如来是后身。"太白为什么被人称作诗仙？那是因为，太白的诗不是苦思冥想出来的，而是从心中流淌出来的，这就是诗仙最大的才情！

对诗仙李白，仅仅靠以上几节课还远远不够。去年开始，我又在陆续研制"李白与月亮""李白与美酒""李白与名山""李白与大川""李白与朋友""李白与送别"等系列课程。我试图通过"李白课程"的开发，让孩子们走近李白、了解李白、欣赏李白，进而感受唐诗的神奇和瑰丽。

其二是我校吴静老师开发的"哈利·波特课程"。《哈利·波特》是孩子们非常喜爱的课外书。如何将它做成一个有教育价值的课程呢？吴老师进行了巧妙的设计，以专题研究的形式来重新构建《哈利·波特》丛书阅读课程——"神奇的想象力""走近非凡的哈利""走近平凡的哈利""谈谈魔幻小说""我眼中的罗琳"……每个专题阅读课之前，老师和孩子们都要经过充分准备——认真阅读原著相关章节；收集有关文字和影像资料；设计讨论话题；制作阅读作业单……专题阅读课上，孩子们旁征博引，侃侃而谈，俨然一个个《哈利·波特》研究专家。一堂课下来，孩子们满心期待着下一节专题课的到来。在孩子们眼里，吴老师似乎成了又一个神奇的罗琳。

这就是教师课程的魅力！

教师课程并不难。只要你用心去探索，一定会拥有自己的课程。

公开课不试教，不仅仅是勇气

张祖庆

在一次教学观摩活动中，我上了一节未经试教的课。当天，我将上课心得发于微信，点赞者甚众。然而，真正触动我思考的留言，来自一位律师朋友——

"公开课，本来就不应该试教。我从没听说过哪位律师开庭，需要'预演'。"朋友的话，让我愣了好几秒钟！

一直以来，公开课试教，仿佛天经地义。一次次备课，一遍遍试教，一回回推倒，一番番重来，折腾不止，筋疲力尽。最夸张的，当数那些参加"国赛"的选手们，一旦有幸被选中，就会走上磨课的"不归路"。日里磨课，夜里梦课，死去活来，活来死去。于是乎，听课者最终看到一节万花筒般精致的课——动画美轮美奂、音乐荡气回肠、语言气势如虹。置身其中，恍若观赏一场艺术表演，让人目不暇接。

且慢喝彩！

长期以来，对公开课的评价，大多注重其"教学艺术"而忽略其"教学效率"。一节花了一年时间准备的"精品课"，其示范的价值究竟在哪里？

观摩公开课的终极意义，在于学习先进的教学理念，改造常态课堂。然而，这种近乎"变异"的公开课所呈现的教学理念，对日常教学又有多少指导意义？

从这一点而言，我更欣赏那位律师朋友的观点——公开课，要向律师开庭学习，不预演、不雕琢，真实地呈现过程。这样的课堂，精彩值得借鉴，问题值得反思。这样的课堂，才接近真实，因为一线教师的常态课堂，哪来那么多时间准备？因此，我认为，这种不经过反复试教的课，才真正值得深入研讨。这样的课，虽不完美，但是有研讨价值。

我曾在不同的场合问过于永正、支玉恒、贾志敏等几位前辈名师，你们的课经过几次试教？

答案是——第一遍，不试教；后来，边上边改进。

不试教，是不是不备课？不是的，反而对备课提出了更高的要求。

于永正老师备课，把"工夫"花在"功夫"上——反复练板书、练朗读、练批注；支玉恒老师备课，读一遍，就把课文反扣过来，捕捉对文本的第一印象，根据文本特点设计教学；贾志敏老师备课，几乎所有小学课文的名篇，都能熟读成诵。

这些前辈名师是真正"用一辈子备课"。他们，把功夫下在了课堂以外——文本细读的功夫、板书的功夫、朗读的功夫、背诵的功夫、点拨的功夫。他们把学生的学习放在首位，以成就学生的精彩为己任。

也许是受他们的影响，不知从哪天起，我给自己下了个死命令——今后，我的任何第一次亮相的公开课，不再试教。

每次上课前，我都会用心地研读文本，思考教学方案，并对各种可能进行充分的预判；进入课堂，我总是莫名兴奋（当然也带着一丝丝紧张和期待），仿佛前往某地探险；上完课，常常会有意外的惊喜，有时也难免遗憾。可是，如果我们把所有的公开课当作"研讨课"，而不是"示范课"，那么，我们就不必太计较某一个环节"不够完美"。真实的家常课，也是"不完美"的。"不完美"，会带给上课者和听课者共同的思考——如何抵达"完美"。

当然，对于初入教坛的老师，适当的试教，是必要的"入格"训练；对于走向成熟的教师来说，不试教，不仅是勇气，更是修炼的法门。

说

教

学

教师的解读与学生的需要

李竹平

  一位刚入职不久的年轻教师教学《种子醒了》，邀请我听课。这位老师十分用心，带着学生回顾了关于春天的古诗、儿童诗，欣赏了种子破土而出的视频，然后导入新课。从读通课文到学习字词再到理解文本，老师设计了学习单，给学生提供了有效的学习工具。但整节课下来，学生似乎并不买账，大多游离于学习活动之外。

  原因在哪儿呢？

  《种子醒了》是一篇"微童话"，这位年轻教师从文体特点和文本内容出发，将学习目标定位为认识童话的拟人化写法，教学创作微童话。学生读熟课文后，教师出示自己改写的下水文，让学生进行对比，引导学生发现与课文描写的不同。学生交流之后，教师总结童话的特点，带着学生练习朗读，力求读出童话的情趣，为后面写童话作铺垫。

  显然，教师的目标定位不够科学合理。"学习语言文字运用"是语文学科的独当之任，但不同学段的落脚点是有区别的。低年级孩子阅读文字形式呈现的童话通常要经历一个从文字到形象的转换过程，也就是我们常说的读出情境和画面感。思维的桥梁是联想和想象。这时候要培养的，是学生通过阅读将文字信息与其表现的形象、意义顺利对接的能力。他们不需要或者说没有兴趣运用抽离出来的理性思维对童话进行概念分析——当他们对这样的概念分析感兴趣的时候，童话就从他们的生命中消亡了。语文学习最终指向的都是言语思维的发展。言语思维的发展是有路径的，先是以形象思维为基础，在形象思维的辅助下实现言语思维的生发；随着学生心智的发展和语言的积累，逻辑思维开始发展，概念的理解、学习、运用成为言语实践的需要；而言语思维发展的最高层次，是逻辑思维和形象思维"比翼齐飞"，这时候语言文字运用就臻于化境了。到了小学中高年级，尤其是到了高年级，学习童话文本，目标定位可以是进行不同表达特点的对比，从理性角度认识童话，解读童话，分析体会童话语言。低年级需要的是浸润式童话，浸润于童话的语言，以感性的方式进行语言积累，促进其语言的"自动化"运用。

教师备课时解读《种子醒了》的文本，可以有很多维度，但课堂上需要的往往只是其中一个或两个。到底需要教什么，要充分考虑学情。低年级孩子学习《种子醒了》，比较适宜的目标是抓住具体词句，边读边想象，体会种子醒了时的惊喜心情，感受文本语言的生动形象，进行语言积累。

确定了课堂学习目标，还要将文本解读与具体的学习形式和活动联系起来。这样一篇充满情趣的童话，"读"是最佳学习方式。怎么读？读正确、读通顺是基础，读出词句表现的形象和画面感，就需要教师精心设计了。师生可以边读边做动作，将体态语言、形象思维与言语意义融为一体；师生合作读，学生读描写种子活动的词句；代入角色读，把文本中的"种子""他"都换成"我"来读，童话的形象、趣味、语言，就同时被学生内化了。这样，一节课时间，达到熟读成诵是完全可能的。

拿到一篇课文，教师总能从文本中发现多处有价值的教学点。要不要将这些发现确定为学习目标呢？这，就要看看学生的学习需要了。

听贾老师谈备课

杨文华

　　几年前，有幸和贾志敏老师一起去青岛参加一个教研活动，同住一个宾馆。当晚，我们就聊起了语文教学。

　　这时，一位上海的青年教师给贾老师打电话，请教沪教版教材四年级课文《留住今天的太阳》该如何备课。贾老师和蔼地答应了，看起了课文。

　　几分钟后，贾老师拨通了手机，向那位青年教师介绍起了自己的思路。

　　贾老师说："可以这样导入课文——同学们，今天上语文课，我要请你们做一道数学题。100 乘以 365 是多少？学生一定能说出 36 500。老师说，是啊！一个人如果长命百岁，一辈子也就活 36 500 天。这告诉我们，时间是有限的，我们一定要珍惜。今天，我们来学习一篇关于时间的课文——《留住今天的太阳》。大家齐读课题！"

　　这样导入课文很容易激起学生的好奇心，又与课文教学紧密相连，新颖又巧妙。我不禁赞叹。

　　接着，贾老师又讲述了主要环节设计。

　　第一步：解读课题。引发学生对课题的疑问："留住今天的太阳"是什么意思？太阳能留住吗？

　　第二步：学习课文生字词。要求读正确，特别注意多音字。有些词语可以结合课文理解一下。

　　第三步：朗读课文。让学生给课文分出 11 个自然段，请 11 位同学朗读，要求正确、流利、有感情。

　　第四步：理解课文。提问不能多，不超过三个问题。要提出统领性问题，启发学生思考，理解课文的含义和表达技巧。

　　1. 从课题入手找问题。"留住今天的太阳"是什么意思？

2. 今天的太阳、昨天的太阳、明天的太阳、50 年后的太阳，是不是同一个太阳？作者为什么要"留住今天的太阳"？

3. 从课文中心句入手找问题。课文中"留住今天的太阳"这句话出现了几次？之间有什么联系？

第五步：表达训练。课文中有一句话："从那以后，我总是用这种办法留住太阳。"假如你是文中的"我"，你会用哪些办法留住太阳？

电话那头的青年教师听完激动不已，对贾老师的指点表示衷心的感谢。

这么短的时间就备好了一课，真是神了！我问贾老师有什么诀窍，贾老师笑笑说："备课不是一时之功，全靠平时的积累。表面上看，我备这一课只用了几分钟，实际上我是在用一辈子的经验备这一课。再说，这篇课文是上海教材里的，我本来就比较熟悉。"

"您备课有哪些经验呢？"我禁不住问。

"备课要特别注意两点：一是读懂教材。想要教会学生，老师自己首先要真正领会。看一篇文章，我们要清楚作者要表达什么思想感情，是如何表达的，要抓住作者的思路。抓住了文章思路，备课中许多问题就能迎刃而解。二是读懂学生。老师备课时，心里始终要想着学生，想着学生的疑难点、好奇点、兴奋点。这样你的教学才会有的放矢，不会目中无人。"

听了贾老师的话，我心里感到特别亮堂，也特别感动。多么可敬可爱的老人！

"用一辈子时间备课。"这个晚上让我对这句话有了更深切的体会。

说
教
学

道在心，法自来

支玉恒

经常在网络、微信中看到，有不少人兜售"阅读妙法""作文绝招""考试要诀"等，甚至还有"押题窍门"，五花八门，惑人耳目。

阅读、写作、语文学习，到底有没有这样的秘法诀窍？肯定地说：有。"技术"一词，可以说是此类东西的概括。

技术是什么？从一般意义上讲，技术就是为达某种目的而采用的方式、方法、技巧，比如生产、工作、劳动的操作技巧，当然也包括我们教学方面的一些方法技巧。

无论做什么工作，"妙法""绝招""要诀""窍门"之类的东西肯定是有的。比如"妙法"，诸葛亮用"空城计"吓走司马懿，这"空城计"就是绝地求生的军事妙法。再如"绝招"，南北朝时武将孙晟能"一箭双雕"，这自然要算是他的绝招。又如"要诀"，数学领域常用的九九乘法口诀，就是计算乘法的要诀。还有"窍门"，在马桶里放几个装满水的矿泉水瓶便能节约用水，这窍门也十分实用。

教学或学习是一种比较复杂的智力活动。我们进行任何一项教学活动，都要深思熟虑，反复斟酌，精心选择方式方法。比如备课，先想想教学目的、目标，再设计教学过程，确定步骤，选择方法策略——这是教学规律决定的。语文学习也需要方法策略，比如朗读，即便有一副好嗓子，又掌握了一些发音技巧，但如果无法准确理解作者的写作目的，不能深切体会作者的思想感情，没有与作者心情相契合，那你无论如何也读不好"过去的日子如轻烟，被微风吹散了，如薄雾，被初阳蒸融了"这样的精彩句段。"妙法""绝招""要诀""窍门"之类的东西的确存在，用好了还真管用。为什么？因为它们反映了事物发展的客观规律。

这里，要稍微涉及一点哲学常识。我国自古就有"道"与"术"，"道"与"器"的说法。这是中国古代哲学十分重要的概念范畴。联系教学工作，"道"即可以理解为教学规律、教学思想、教学理论等，"术"可以理解为教学方法、教学策略等，"器"则可以理解为教学所用的手段、工具、器材，如多媒体课件等。显然，凡是属于"道"的东西都是根本，是统领，是指南。只有掌握、熟悉了"道"，遵照"道"的要求来指导教学，教学中"术"和"器"的运用才能科学合理，才能取得理想的实践效果。

就拿老师们普遍认为难教的作文来说，教学理论告诉我们，任何一篇文章都是内容与形式的统一体。内容决定形式，形式为内容服务。这是文章的表达规律决定的。四年级上册《梅兰芳蓄须》《西门豹治邺》两篇课文都是写人的文章，由于内容不同，文章采用了完全不同的表达形式。前一篇以时间、地点的转移为顺序，记叙梅兰芳先生勇敢反抗日本侵略者的压迫、有意蓄须不为日本人演戏的事迹，表达梅先生的爱国情怀；后一篇则以事情发展为顺序，记述调查灾情、惩治巫婆官绅、兴修水利发展生产的过程，赞扬西门豹的正直与智慧。这一切都符合文章写作的规律。

由此看来，教学中一定要先心中有道，以道驭术，也就是说要以教学规律、理论为指导，科学合理地使用教学方法、策略、工具、手段。道在心，法自来，不能盲目迷信什么"妙法""绝招""要诀""窍门"之类的广告宣传。

谈读写

人生从读整本书开始

李振村

那是 1974 年。一个安静的没有月色的夜晚，我家院子的大门忽然响起轻轻的叩击声。

谁这么晚还来敲门？我纳闷着，跑去开门，呀，夜色里站着我的语文老师徐宗文！

他无声地微笑着，随我走进堂屋。

昏暗的油灯下，他从怀里掏出一个纸包，小心翼翼地打开，里面包着三本书。

他说："振村啊，不管社会怎样变化，多读些书总是好的。你们正值少年好时光，却没有书读，实在是令人痛惜啊！这几本书，你悄悄读，读完了还给我，我再给你几本。"

徐老师，原本是颇有名气的京剧演员，后来到我们这个乡村小学教语文。他从没教过书，但京剧演员的经历，让他满腹诗文，很多诗词名篇都能倒背如流，而且说得一口标准的普通话，让我们这些见识浅陋的乡村少年佩服得五体投地！

在这样一个漆黑的夜晚，我尊敬的老师神秘家访，神秘地送来几本书，这一切，在一个 11 岁乡村少年的心中，激起的是多么强烈的阅读期待啊！

徐老师走后，我急急忙忙打开其中一本，是鲁迅的《呐喊》。我心怦怦跳着，在油灯下，一字一句、磕磕绊绊地开始了我人生第一本书的阅读。此前，我压根就不知道，这个世界上还有这样的文字、这样的语言、这样的故事！当然，那时我读不懂，但这并不妨碍我被一种别样的感觉，被一种另类的力量所冲击、所吸引。

三本薄薄的书很快就囫囵吞枣地读完了。

又是一个漆黑的夜晚，徐老师又送来了几本书……

徐老师数量不多的藏书，被我用大半年时光读完。他大概没有料到，他的黑夜送书彻底唤醒了一个少年沉睡的阅读欲望，吊起了他的阅读口味，其他粗粝的文字再也不能满足他精神味蕾的需要。

我着魔似的搜寻所有能够搜寻到的文学作品来读。最容易搞到的当然是那个时代的长篇小说：《艳阳天》《红旗谱》《青春之歌》《苦菜花》《敌后武工队》《林海雪原》《铁道游击队》《创业史》……总数大约五六十部之多。这种整本书的贪婪阅读一直持续到初中。之后，我开始接触中国古典长篇：《三国演义》《水浒传》《西游记》《聊斋志异》《三侠五义》等，都是在初二之前读完的——那时，我还不到 14 岁。

在这些大部头长篇小说里快意畅游，犹如在语言的海里长期浸泡，你就是不想接受它们的熏陶都难！尤其是对有着强烈吸纳能力的少年的心灵来说，这种长达数年的长篇阅读，不知不觉间，给了我丰富的语汇积累和远超我同学的敏锐语感，给了我一般农村少年所不具有的想象力，给了我对语言文字的热爱——这种热爱影响了我的精神发育，影响了我的人生选择，让我最终成了以文字谋生的职业人。

现在想来，整本书的阅读，给孩子带来的还不止以上所述。一本书呈现的就是一个复杂的世界，一个孩童通过阅读自由穿行其间，体验现实中不可能体验到的情感，发现现实中不可能发现的秘密……这种超前的人生体验是何等的快乐、何等的惊心动魄啊！

一个生命，有了这种体验，他的童年和少年生活才是饱满的，幸福的。

谈

读

写

"诗比节日更永恒"

周益民

　　有一本图画书叫《田鼠阿佛》，是美国图画书大师李欧·李奥尼的杰作，我常常拿出来翻看，并且不厌其烦地推荐给遇到的朋友。

　　阿佛和其他四只田鼠和睦地住在一堵古老的石墙里，离一个废弃的谷仓不远。冬天快要到了，田鼠们忙碌起来，忙着收集玉米、麦穗、坚果和干稻草。否则，那寒冷、漫长的冬天怎能度过？可是，阿佛却例外，他有时呆呆地坐在那儿，凝视着大草原，有时又像做白日梦一般。他在干什么？田鼠们问他，后来甚至有了点责备的意思。听听阿佛的回答：

　　"我在为寒冷、阴暗的冬天收集阳光。"

　　"我在收集颜色，冬天总是灰灰的。"

　　"我正在收集字，冬天的日子又多又长，我们一定会找不到话说。"

　　仿佛天方夜谭。

　　冬天来了。大部分的坚果和梅子都啃光了，稻草用完了，玉米也只能在记忆中回味。可是，冬天还没有过去。石墙里很冷，谁也不想开口说话。灰暗的，不仅是外面的天，更是大家的心情。

　　阿佛出场了。"闭上你们的眼睛。"阿佛一边说，一边爬上一块大石头。他说要把阳光洒给大家，又说起各色的花朵叶子。仿佛有魔力一般，田鼠们觉得暖和多了，并且清清楚楚地看到所有的颜色，仿佛有人把颜色涂在他们的心头。

　　更为激动的是，阿佛清了清嗓子，大声诵读起来。

　　漫长的冬季，因为有了阿佛的诗，变得温暖、快乐、甜蜜。

　　每次翻看这个故事，脑海中就会想起一位老诗人的话，"诗

做一名有思考力的教师

比节日更永恒"。心中常常感叹，小田鼠们的生活不就像我们的日子吗？每天，我们当然需要勤勤恳恳，需要脚踏实地，需要备足玉米、坚果、麦穗和干稻草，但别忘了，还有一种生活，那里有阳光、颜色和字，那是诗的生活。拥有诗的生活的人，会在灰暗的日子看到阳光的明媚，会在冷风的刺骨中确信春意的召唤。我们每天过着世俗生活的同时，别忘了，也要努力想想那诗的生活。

说到"诗"，这似乎是个既熟悉又陌生的字眼。自古以来，中国就是诗的国度，一部中华史就是一部诗史。诗的乳汁养育了我们的祖祖辈辈，我们的血管里流淌着诗的脉流。

诗是人类的母语，是她最早把我们的心灵安抚。"不管是在人类的开端还是人类的目的地，诗都是人的女教师。"是诗，让我们亲近着趣味、审美、智慧和快乐。我们在诗的召唤下飞向远方，我们在诗的慰藉下获得力量，我们在诗的陪伴下"生活在别处"。

儿童，更是诗的天使。儿童的生命是梦想的、象征的，每一个儿童都是一个充满活力与梦想的生命。诗就是儿童心灵的游戏，是精神的自由创造，是他们进入无拘无束的自由王国的方式。

一个人不一定要成为诗人，但他的生命中不可缺少诗。科瓦列夫斯卡娅说，不能在心灵上成为一个诗人，就不能成为一个数学家。

但是，当现代化凯歌阵阵的时候，曾经跟我们融于一体的诗却正悄悄远离，有人甚而悲观地断言这是一个"诗死"的时代。我们果真从此拒绝这个人类数千年的梦？在物质利益得到满足后，我们果真不再需要"别处"的生活？

李欧·李奥尼说《田鼠阿佛》是他本人最喜欢的作品。他透露，阿佛就是儿时的他，总是不太在意别人眼中重要的事，而整天坐在一旁静静地冥想，做白日梦，独享心灵的美好。但愿，"独享心灵的美好"不会成为奢侈；但愿，"诗比节日更永恒"。

谈
读
写

杂花生树

张学青

买书是门学问。

有一阵子，我以买到新书、偏书为自豪。似乎一旦比别人先读到，或者拥有了别人没有的书就很优越。后来我渐渐地明白，读书原本是为了自己受用，早读到并不见得先知，晚读到也不见得羞耻。

有一阵子，我以买大部头系列书为自豪，仿佛请客人，一下子高朋满座，一个不缺，喧喧嚷嚷，好不光荣。后来我渐渐地明白，啃不动的大部头，犹如后宫无人宠幸的妃子。你连给它们抹灰尘的时间都没有，何必把它们囚禁在深宫？人的贪欲常常是不可理喻的。

有一阵子，我买书简直是"暮春三月，江南草长，杂花生树，群莺乱飞"。"拖到篮里皆是菜"，一单下满五百元，然而幸福得哼哼。等货一到，打开包装，扯去腰封，让它们一行行一列列整齐地排列在书架。而我，俨然成了司令员。

偶尔我会上豆瓣，浏览一下豆友们在读什么书。有一回，看到一条语录："买书如山倒，读书如抽丝。"我想我也是这样的，买得多，读得慢。然而，这样的买和读，也有意义。

书买来后，在上架之后的几天内，我总要抽出时间对所有的书作一个概览，读一下序，看看目录，再择一两个章节读读口感。特别上眼的，就开启了阅读的旅程；若不是，则返回书架择日再读。

农谚说，"谁也不知道哪块云彩下面会有雨"。你今天读的，指不定哪一天会有用，然而你得"布云"，云积得厚了，就不愁下不了雨了。

教《高尔基和他的儿子》，文中要求理解"'给'永远比

'拿'愉快"这句话。教参上说，"给"是奉献，是牺牲，"拿"是索取，是获得；奉献是伟大的，所以，"给"永远比"拿"愉快。把"给"解释为放弃、被别人拿走东西或者作出牺牲，以此判断"给"是美德，不但空洞，而且几乎无法说服人。我喜欢弗洛姆在《爱的艺术》里对此作出的创造性理解："给"是力量的最高表现，通过"给"，我体验到了我的力量、我的"富裕"、我的"活力"，体验到了生命力活跃的欢乐，我会因见证了自己的力量、自己的生气勃勃而欣喜万分。

事实上，我和孩子们一起探讨这个话题时，当他们绕在"牺牲"和"付出"里而找不到新的理解，听我侃侃而谈弗洛姆，我能感受到孩子们内心是豁然一亮的。

有一回，我读崔岱远先生的《读罢西游不成精》，读到这样一段话：

《西游记》师徒四人组成了一个优秀团队——唐僧是稳健派领导，孙悟空是技术骨干，猪八戒是润滑剂型人士，沙和尚和白龙马是踏实型服务员工，团队所必需的要素全都占全了。（《一个不能少》）

当时我在这段话下作了标记。后来，我上《西游记》的读书交流课，设计了一个话题"我的西游我的团"，完全得益于这一章节的阅读：假如让你组建你的西游取经团队，你会让《西游记》中的哪些人同去？为什么？

又有一回，吴江电视台要做一档节目"中华经典诵"，让我讲一次。时间很紧。我忽然想起前不久朋友送我王开岭的《古典之殇》，里面有一章节是《登高》，正应了眼下的重阳节。以此为蓝本，弄了一点形式，就开讲了。电视台居然要求通知家长带孩子一起看。事后，有人看了节目说，张老师，你好有才啊。我只能捂着嘴笑——这条路分明是王开岭踏出来的，我只不过引了一次路罢了。

路啊，路，飘满了红枫叶。就这样读吧，直读到我哪儿也去不了，回头再看看来时的路。

谈
读
写

从小学生写玄幻小说谈起

杨文华

  有一位父亲，偶然发现一向不喜欢写作文的儿子，偷偷写起了长篇玄幻小说。他细细一读，大为吃惊：儿子写的小说不仅语言生动流畅，而且想象奇特，情节曲折，颇有《哈利·波特》之风。

  原来，孩子所在的四年级流行读玄幻小说，男孩子尤为痴迷，看多了，就开始自己创作。他儿子就是其中一员。

  一位中学心理辅导老师，让一些有心理疾病的学生记心理笔记。一段时间后，她惊奇地发现：这些学生不仅心理症状得到缓解，写作水平也有了很大提高。他们文笔流畅，情感表达细腻丰富，很能打动人。

  写玄幻小说，记心理笔记，是什么力量促使他们喜欢上动笔表达？显然，是他们发自内心的表达需要。

  然而，我们的课堂作文，却大多是忽视学生表达需要的强迫性行为。

  有份调查问卷，问学生为什么而写作，大多数学生回答：为了完成老师布置的任务，为了得到一个好分数，为了得到老师表扬，而为了自己内心表达需要的少之又少。难怪，大多数中小学生都怕写作文。

  也许有人要说，小学生作文本来就是习作，是一种训练，不可能每次都符合学生的表达需要。只要把技能教给他们，等他们有了写作需要，自然就能熟练写作。持这种观点的不在少数。

  这只是我们的一厢情愿，并没有足够令人信服的事实验证。我们从小学到中学，到大学，一直都在教写作知识和方法，但很多学生到毕业都没学会作文，留下的只是厌倦、惧怕作文的心理阴影。

从心理学角度分析，人们做某件事情，都有动机驱使，写作也是一样。写作就是人与人之间思想的沟通、感情的交流。只有在真实的交际情境中，激发起强烈的表达动机，才会有表达欲望，才会主动探究表达技巧，努力提高表达效果。

英国曾推出一项"圣连纳故事书计划"，让小学生为学前儿童编写故事书。参加写作计划的学生需要探访当地幼儿园，了解学前儿童喜欢听什么故事，然后构思故事内容。年纪小一点的学生还会被安排与学前儿童的父母定期会面，就故事内容交换意见。年纪大一点的，可以自由选择伙伴，大家一起合作创作故事。每个学生都非常投入，一遍又一遍地修改完善。他们创作的作品图文并茂，颇有创意，深受学前儿童喜爱。

面对真实的交流对象，在真实的交际情境中交流回应，孩子们"有所为而作"，真正体会到了写作的意义。正如吴立岗教授指出的那样："要在真实的交际情境中激发学生的写作需要，要从写作动机走向写作目的，而不是相反。"

每次作文课，于永正老师都会精心创设一个交际情境，让学生在真实的情境中学习表达，最具代表性的莫过于《转述通知》这堂课。

上课了，于老师迟迟没进教室，却来了一位"教育局的王秘书"，通知于老师下午去教育局开会。学生不知不觉就置身于于老师创设的真实交际情境中了。接下来，为了把这位"王秘书"的外貌特征讲清楚，把通知的内容转述准确，孩子们争先恐后，表现出极高的表达热情，说得也越来越好。

于老师说："说和写都应该是有目的、有对象的。要让每一次作文训练都成为现实的言语交际，至少让学生感到是现实的言语交际，让学生感到说与写都是生活的一种需要。"

这，就是让学生喜欢作文的秘诀吧。

用猜想定义阅读

成尚荣

关于阅读，有不少定义。比如，一位英国诗人将阅读定义为：如果将我关在一间房子里整整一年，给我一部电影，还有一本书，二者取其一，结果会截然不同。如果选择电影，一年后从房子里出来，我会发疯的；如果选择书，出来后我就变成了另外一个人。比如，一位美国老太太将阅读定义为：读书，就是白日里做梦。白日做梦，是清醒的，是需要付诸实践的，因而也是可以实现的。还有不少定义，这儿不再枚举了。

这么多的定义，说明阅读是个人化的、个性化的行为，其最高境界是自由，即根据个人的需要和喜欢的方式来阅读，适合的才是最有效的、最好的。个人化、个性化，并不否认更不排斥阅读的一些共性的要求，比如安静、专心、思考等。正因为此，我对教师或学生阅读规定必读书目向来是不太赞成的，尤其是对教师。在一些会上，总有教师希望我向他推荐书目，我总是说，我不推荐，你们可以去逛一下书店，一定会发现你需要读的书。

以自由为阅读最高境界，其实也是对阅读的一种定义。这一定义对教师的有效阅读起了很大作用。对此，我有真切的体会。记得1978年，大概是《人民文学》上登载了一篇报告文学《哥德巴赫猜想》，作者是徐迟先生。我如饥似渴地读完，好不激动，心想：如今还有这么出色的可爱的数学家？还有这么杰出的文学作品？最为奇特的是，我阅读时竟然也发生了猜想：那"1+3"等于几呢？那计算的草稿纸怎么处理的？如果是我呢？数学上有哥德巴赫猜想，那文学上呢？文学上的猜想与科学上猜想相同吗？我常常想象自己在一间房子里，做着文学的猜想题……如今回想起这一情景，都觉得自己幼稚，是一个文学青年。但是，从中我却悟到了一种阅读方式，我将它叫作猜想性阅读。

猜想性阅读一定是主体性阅读。阅读是别人不能代替的，也是别人不能强制的，阅读是吸引人的事，因而这是一种文化的方式。猜想性阅读一定是丰富自己阅读框架、认知框架的阅读。每个人都有自己已有的知识积淀，长期以来的阅读逐渐形成了自己的认知框架。猜想性阅读是对自己阅读框架的丰富，有时还会是突破。此时的阅读已从文本出发，张开了想象的翅膀，飞离文本，飞向远方，飞向不知道名字的地方，于是认知框架发生了改变，变大了，变远了，变深了。

儿童更需要猜想性阅读，因为儿童有丰富的想象。阅读给儿童一个平台，儿童凭借阅读登上这高高的平台，瞭望远方，想象未来。儿童是在想象中长大的，想象是儿童成长的巨大力量。基于此，我建议教师不必去干涉儿童的阅读，不要打扰儿童阅读的节奏，给他们以更大空间、更大自由，鼓励他们胡思乱想。我猜想，从本质上说，儿童的阅读是不需要指导的，只是吸引他们、引导他们，即唤醒他们、点燃他们。

与以现有的认知框架去阅读不同的是，还应怀着空白之心去阅读。那就是把自己已有的阅读和认知搁置起来，空出心灵去阅读。为什么呢？因为，文学从来都是未完成的，阅读人也是未完成的，只有在阅读中通过猜想，文学作品阅读人才会慢慢地饱满起来。未完成的心态是留出空白之心的心态——给阅读留出猜想的空间吧！

也许，我用猜想来定义阅读是有一定道理的。

谈
读
写

我写文章，文章写我

张祖庆

1

钱正权先生是 20 世纪末杭州市语文教研员，为人谦和，古道热肠。得到他提携和帮助的年轻人，不计其数。读先生文章，就像和他拉家常，如沐春风。先生从不以专家自居，而是聊天般，真诚平和地，把话说得明明白白，理讲得清清楚楚。他的文字，清浅、干净、有味。

先生何以有这样的功力？一者，读书多，看得远；二者，先生素来谦逊平和；三者，我以为最重要的，是先生对文章的态度——敬畏写作，善待文字。

彼时，我常写信请教先生。回信中，先生总对我说："祖庆啊，名人名言的引用，要减少，写文章不可卖弄，'掉书袋'，要不得哟。""句子，要短小，要让人容易理解，不给人造成阅读障碍。"

先生对自己的文字要求极为严格，每写完一篇文章，总要先发给年轻朋友，反复征求他人意见。他说，文章发出去，是给别人看的。发了，就没有机会修改了。因此，一定要精益求精，一个词语，一个标点，都要精确到不可替代。

2

列夫·托尔斯泰写《安娜·卡列尼娜》，构思始于 1870 年，动笔于 1873 年，整个写作过程只有 50 多天，但却经历了 12 次大改动，4 年之后才正式出版，废稿达 1 米多高；唐代卢延让"吟安一个字，捻断数茎须"；曹雪芹创作《红楼梦》"批阅十载，增删五次"……太多的作家，莫不是以"敬畏"的态度来对待写作的。

一个人的文章如果发表了（发在报刊、博客、微信、QQ、微博上，都算发表），就有了"影响力"，这样的写作，就是面对公众的写作。公众写作，必须有读者意识。如果作者自己都没有想明白，或者一知半解、云里雾里，更有甚者，逻辑混乱、莫名其妙、自相矛盾，读者怎能不被搞晕呢？

"语言是存在的家，在其家中住着人"。（海德格尔语）从某种意义上说，人在写文章，文章也在写人。

3

"敬畏写作"，是一种虔诚的姿态，而"善待文字"，则需要"慢工出细活"。写作者，千万别轻易处置自己的文字，更不可让自己的文字变成对他人的困扰。文字要干净、简洁，这样，你的表达就不会让人迷糊。

我尊敬的前辈名师中，于永正、贾志敏等先生，文字的干净、简洁，是出了名的。我的朋友管建刚、张学青、周益民、周其星、陈金铭等人的文字，也非常干净、简洁。

当然，简洁干净，是基本要求。若是思想随笔，需要引述他人观点，要不要善待这些被引述的文字呢？

依然需要。

旅居加拿大的作家薛忆沩，写过一本《文学的祖国》。他将自己旅居国外期间读过的流亡作家的作品，一一介绍给读者。生平、作品乃至作家与他人交往的趣闻轶事，如数家珍，娓娓道来，令人叹为观止。但，薛忆沩最可贵之处，在于绝不"掉书袋"。他曾和朋友谈起：写作，要有敬畏之心，写下第一句就要想着，后面的所有句子都要和第一句一脉相承。这样，文气才不会断掉。

谈
读
写

4

敬畏写作，善待文字。我写文章，文章写我。

一个语文教师对儿童文学的期待

周益民

我想推荐给儿童阅读，乃至用作班级讨论的文学作品，是怎样的呢？

我试列三条，并非作品必备要素的结构化表述，而是基于对当下儿童文学作品阅读的整体印象提出的不成熟的针对性建议。

一是能够经受朗读考验的语言。

语言是作品的载体，也是作品的本体。文学语言具有高度的审美性。儿童文学作品应该是儿童学习母语的范本。然而，当下有些作品，或是简单模仿儿童的语言，或是迎合时尚流行话语，缺少对语言美感的追求。这么说当然不是倡导所谓的"好词好句"，而是指作家要用心锤炼，追求现代汉语的品质。语言的风格和色彩是多样的，但其品质应该是一致的：准确、流畅、简洁。

我曾经比较过瑞士女作家艾弗琳娜·哈斯勒《香草女巫》两个译本的开篇：

前译：

大森林里，有一栋古里古怪的小房，／它深深地隐藏在／覆盆子、悬钩子等各种植物里。／

这栋小房的主人，／就是本书的主人公香草女巫。

程玮的翻译：

在森林里面，长着很多的黑莓树。／在黑莓树中间，藏着一座小屋。／在小屋里面，住着一个香草女巫。

无论从语言的节奏，还是意思的逻辑表达，程玮的翻译明显更胜一筹。

好的语言既是可视的，也是可听的。用诵读来检视语言的品质，是个好办法。金波先生就提倡，"把要写出的文学语言，先变成心灵的耳朵听得见的语言"。叶至善先生回忆父亲时说，叶圣陶先生辅导三个孩子的习作时，从不多说什么，只是让他们放开声音读，读到别扭之处就修改，直到觉得舒服为止。

二是丝丝入扣的逻辑。

文学作品的阅读固然是审美的过程，就我自己的阅读体验，我认为这同时也是一个思维的过程。我希望作品的逻辑更为严密，无论现实还是幻想，都经得起文本细读下的推敲。有的幻想作品在写到主人公遇到磨难时，就让魔法和宝物出场解决，这样的写作缺少难度，缺少挑战性，难以带给读者阅读的满足。

青年作家孙玉虎有个短篇《空空如也》，曾经获得台湾牧笛奖首奖。这是一个十分讲究逻辑的作品，文中看似随意的闲笔，其实都是对情节走向的交代。

三是基于真实人性的伟大崇高感。

不知从何时起，"伟大""崇高"这样的字眼成了"过时"，似乎成了空洞、口号、概念的同义语。这可能是因为曾经有一段时间，文学创作从概念和主题出发，忽视人的个性，单纯追求所谓宏大叙事。然而当下的某些作品刚好走向了另一个极端，一味着眼儿童的琐碎生活，只在生活的表层滑行，满足于"搞笑"和"搞事"，缺乏意义和价值的深度开掘。我认为崇高感是对现实的超越，是对美好人性的探求。真正的崇高是审美的应有之义。

儿童文学作品如何书写崇高？我建议"从'小'出发，朝'大'走去"。作家毛芦芦在新著《微小的春天》后记中写道："这一朵朵春天的小花，一撮撮春天的小草，一个个春天的小生灵，它们那卑微倔强的存在，那激情四射的活力，那蓬勃飞扬的生机，常常让我感慨落泪，常常在我心中撞出一片振聋发聩的钟声。"这种对于自然与生命的真切体验，就是一种崇高感，微小却伟大。借用作家汤汤的话说，所谓的崇高是让"灵魂里产生回响"。

班班有书声

边存金

前不久，到南方的一所小学里参加研讨，正遇到他们在开展"班班有歌声"的活动，一群群孩子在老师的带领下，挨个来到学校的大排练场，进行彩排。整个场面热闹得像准备过"六一"一般。

于是，我就想到了过去作为语文教师常引为自豪的"声声入耳"的读书声，现在好像很少有人再提及了。不再有书声，其中的原因大约有两种：一是就教育者而言，他们忙着不停地创新、探索，探索、创新，却把原本很有用的东西在不经意间扔掉了。很多教师在教学方法上穷尽探索，在新技术应用上绞尽脑汁，却不经意间把最为有用的、"徒手的"东西扔掉了。二是急于求成的家长们把孩子送到补习班，却很少有人能注意到读书的重要。于是，学生是越来越忙，读书声却是越来越稀少了。

我记得在读初中的时候，课本里有"风声、雨声、读书声"的对联，给我的印象极深，明白了读书声对于家国的重要。但是直到现在我仍感到遗憾的是，我们当时却对《从百草园到三味书屋》中认真读书的寿先生嘲弄起来，想一想面对着那一位认真读书的老先生，我们的自作聪明是多么不好意思。直到后来读了大学，在音乐课上发现了波音符号，想到了寿先生在读"铁如意~指挥倜傥~"，才懂得那是寿先生在唱读。

近几年，对读书声印象最深刻的是在一次校长、局长论坛上，听王佐书先生用带有京味的普通话给一千多名校长、局长读《岳阳楼记》。他琅琅的诵读声博得了全场人的热烈掌声。王佐书先生告诉在场的人一定要重视朗读，让学生通过朗读真正地明白汉语言的音乐之美。

大家为《中国诗词大会》和《朗读者》等节目感到欣喜和

惊奇，恰恰提醒我们离开这样的朗读有多远和多久了。人们总是习惯在漫不经心时遗忘一些很宝贵的东西，包括读书。很多人提倡弘扬国学已有很多时日了，可是，人们在热衷背诵那些内容的时候，有几人因为学习国学而拿起毛笔来感受一下毛笔字的书写？我们在大力提倡阅读的时代，有谁能从朗读的角度来切切实实地领着孩子开展好朗读学习？

我近来开始留意身边人的朗读习惯。我发现，还有很多语文老师不能正确地朗读，甚至有极少数对基本的朗读知识也没有接触，这就很难要求老师带着学生进行优质的朗读。我曾参加过一个专业的朗读培训班，在学习中我更真切地感受到学习朗读是一个非常精细而系统的过程，也是一个非常奇妙而科学的学习过程。朗读的训练不仅要求有正确的发音和表达的方法，更重要的是要求的缜密：哪怕是一丝一毫的差异，就会带来发音的错误。也难怪好多初次参加训练的人都有"不敢出声，不会说话"的感慨了。

我们真心期待更多的语文老师因为喜欢朗读，再进一步接受更为系统的训练，不断精进，来指导训练好孩子的朗读，真的实现"班班有书声"，让更美的书声出现在更多的校园里。

谈
读
写

我们为什么要朗读

杨文华

　　一年多来，《小学语文教师》杂志致力于推动"教师好声音"朗读活动，编辑部每天都会收到大量来自全国各地老师的音频邮件。面对如此高涨的参与热情，我不禁想：老师们为什么这样喜欢朗读？

　　前些年，美国有一部电影轰动一时，叫《朗读者》，是根据德国作家本哈德·施林克同名小说改编的。故事发生在二战后的德国柏林，一位名叫汉娜的中年妇女与一位15岁的少年迈克之间，发生了一段非常态的、令人伤感的爱情故事。二战期间，汉娜曾做过纳粹集中营的女看守，战争的创伤在她心里留下了挥之不去的阴影。唯一能给她带来安慰的，是迈克每次见她都会为她朗读名著。在迈克的朗读声中，她的内心得到了片刻的宁静和安慰。后来由于别人检举，汉娜因做过纳粹看守被判了重刑。在监狱中，汉娜不断收到迈克寄来的朗读磁带。靠着这些朗读磁带，她有了活下去的勇气。

　　对于汉娜来说，朗读成了她生命的救赎，成了支撑她活下去的精神力量。其实，对我们每个人而言，朗读何尝不是一种精神救赎。

　　每次聆听老师们的朗读，我都会被他们全身心投入的状态所打动。他们读得那么忘我，似乎已借由朗读进入了另一个世界，找到了另一个精神自我。是朗读把他们从冗长、琐碎、繁忙、疲惫的现实中救赎出来，让他们内心拥有了一片诗意的田园。正如德国诗人荷尔德林所言："人生充满劳绩，但诗意地栖居在大地上。"朗读就是这样一种诗意的栖居，让我们内心变得纯净、清澈，变得宁静、崇高。

　　作为语文教师，朗读更有着特殊的意义。仅从课堂教学来看，朗读是一种不可或缺的教学技能。于永正先生说，如果一位老师能把课文声情并茂地朗读好，就可以减少很多不必要的讲解。他特别提倡教师范读。教师出色的范读不仅能帮助学生更好地理解课文的内容和思想情感，而且还是最直接的朗读示范指导。一般而言，一位善于朗读的老师，他的学生的朗读水平也会比较高。而朗读对于语感培养、能力提升有着不可替代的作用。

此外，朗读还是培养学生阅读习惯、提高综合素养的一种非常有效的方式。每天给孩子朗读 15 分钟是美国教育的重要秘诀。1985 年，在美国教育部的推动下，由知名专家学者组成的"阅读委员会"发布了一项《成为阅读大国》报告。其中有两条论述特别震撼人心：

1. 给孩子朗读，能建立孩子必备的知识体系，引导他们最终踏上成功的阅读之路。朗读是唯一且最重要的活动。

2. 朗读不只在家庭有效，在课堂也成果非凡。朗读应该在各年级都进行。

每天给孩子朗读 15 分钟，能给孩子带来什么呢？美国著名阅读推广人吉姆·崔利斯在《朗读手册》中指出："如果给孩子朗读的做法能够更为普及，那么国家所面临的学校和社会问题将随之减少。"

每天给孩子朗读 15 分钟，用自己的声音、自己的阅读感受带动孩子，让他们也爱上阅读，从而成为一个热爱阅读、精神充实富足的人。从这个角度讲，教师的朗读不仅具有个体价值，更有着深远的社会意义。

这，正是我们《小学语文教师》杂志极力推动"教师好声音"活动的用心所在。

谈

读

写

顺着童心的小径去寻找作文

边存金

作文离不开生活，这是大家应该明白的。教孩子写作文，同样需要引导孩子去观察并且理解生活。从这个角度来看，引导学生写作文的过程，也是呵护童心的过程。这次参加全国第三届新体系作文青年教师教学评比观摩活动，在金近小学校园里，我这种感受特别强烈。

我之前来过两次金近小学，对学校里的童话元素印象深刻。每次来金近小学，我喜欢先是满校园跑一圈，找一找令人感觉新奇的事物。这一次，除了看到了那些童话人物造型的植物、画在石头上的童话人物、有着龙门一样造型的教学楼……我还惊喜地发现，在童话剧场后面，在两棵小小的木槿树之间，有人用灰色的毛茸茸的绳子结了一张大大的蜘蛛网，在网的中间有一个用毛绒做成的大蜘蛛正在微风中摆动着。

我当即就被这个美妙的情景吸引了。我想，也只有在这样的童话校园里，才看得到这样的蜘蛛网。果然，这个奇特的蜘蛛网立即吸引了大批来听课的外地老师，大家争着在蜘蛛网前留影。前来报到的人群，全是年轻老师，身着各色的衣服，笑着赶来。在这样的童话学校里，我突然感觉到正从客车上涌过来的人们，真像是好莱坞动画片中的人物正在一起举行狂欢。

参加这次活动的专家都说，在这样的童话学校里举办新体系作文活动，真让人觉得有种不一样的味道。我觉得，大家说的这不一样的味道，就是童话的味道、童心的味道。

学校就应当成为呵护童心、保护童心的第一场所，让孩子们觉得自己的学校有意思、好玩，让他们对学校、对校园生活充满兴趣，并进而在有意思的生活里找到有意义的内容来。做到这一点，仅仅从作文的角度来看，也是很有意义的。

在我们临沂市白沙埠小学校园里，我建议学校老师按照孩子的特点来规划校园，所以才有了蒲公英花田，有了鲁冰花园等。在这些基础上，进而有了会玩的课程、培育鲁冰花的等待课程、校园吉尼斯课程等，这些已经成为孩子们的快乐记忆，也必然走进他们的作文中来。

有一次，我将自家鱼缸里新生的七条小鱼带到了小诸葛班里，可是冬天到来的时候意外发生了：七条小鱼全部被冻死了。小诸葛班的孩子和老师一起怀着悲伤的心情每人写了一首童诗给小鱼送行。孩子们为了救活一株被低年级同学踩伤的鲁冰花，想尽了各种办法，最后这株鲁冰花还是没有被救过来，但是，他们在这个过程中的真情付出已打动了每一个孩子的心。在孩子们的期待中，鲁冰花终于怒放了。所以，在班长张婷的童诗中，就有了鲁冰花"要做妈妈的感觉"。这些在别的地方不可能被觉察的生活，给了他们丰富的人生体验。

经常有新教师问我：孩子生活中的诗意究竟躲藏在哪里？我喜欢讲我和张婷讨论的小壁虎的故事。当我们遇到一只小小的壁虎独自在窗台的时候，我们猜测这是一只没有爸爸妈妈陪伴、自己跑出来玩耍的壁虎宝宝。我们一边观察，一边写一首诗送给它。可是，我们的诗还没有写完，张婷发现，壁虎宝宝已经回家了。于是，我们写道："多么乖巧的壁虎宝宝，出来玩耍也只用了半首小诗的功夫。"这样的意象也只能是亲身遇见才可以发现并感知的吧。这就更要求我们时刻记得引导孩子仰望天空，去发现诗意的星星。

谈

读

写

导向原生态阅读的源头

王崧舟

统编教材四年级上册第 18 课《牛和鹅》，语文要素是"学习用批注的方法阅读"。课后练习也提示："结合课文中的批注，想想可以从哪些角度给文章作批注，和同学交流。"

学习作批注，无疑是本课的主要任务。

一次听某位教师执教这一课，语文要素意识非常明确，学习任务集中，整堂课紧扣批注展开：第一步，任务导向，了解批注方法；第二步，整体感知，梳理批注要点；第三步，聚焦"怕鹅"，尝试批注感受；第四步，学法迁移，自主批注阅读。

梳理批注要点时，教师结合课文提供的范例，总结出批注的位置（在文章两边的空白处）、批注的语言（文字要简洁、精练）、批注的内容（写疑问、写感受、写想法、写评价）等知识要点。

学法迁移时，教师顺学而导，提炼出作批注的四个步骤：一画，用横线画出关键语句；二圈，圈出重点词语；三写，确定一个角度写下批注；四评，对写好的批注进行自评和互评。依照这样的步骤，学生的批注阅读显得有模有样，写出的批注似乎也中规中矩。

一堂课下来，学生对批注阅读确乎有所感悟，对课文内容也确乎有些理解。但看着孩子们空洞的眼神，离开课堂时那一脸的疲倦和无趣，我陷入了沉思。

任大霖的《牛和鹅》，是一篇多么有趣的文章啊！

怕人还是人怕，与牛和鹅的眼睛大小有关，这样的鬼话"我们"居然都信；知道牛怕人，于是变着招数可着劲儿地欺负牛；知道鹅不怕人，于是避之犹恐不及，躲得越远越好；鹅一摇一摆神气活现，根本不把人放在眼里；被鹅咬住大呼救命，以为自己必死无疑；金奎叔出手相救，摔鹅就像摔酒瓶；"我"不再怕鹅，鹅也不敢再欺负"我"；看到牛，也不再无缘无故欺负它了。

读着这样满篇"趣味"的文章，我们时而忍俊不禁，时而掩口而笑，时而弯腰捧腹，言有尽，而笑无穷。

可是，当"批注"占据整个教学空间时，"趣味"已无容身之处，"笑声"反成了最大的笑话。

是"批注"错了吗？

怎么可能？

近日，华东师范大学图书馆发现了钱锺书先生早期的四部西文藏书，书中有不少先生的批注，随性、精妙。从中，既可发现他当时读书求索的趣味，那些影响到他后来治学的思想萌芽，也可看到他反观自身的解剖，德语古体字书写的灵光一现，甚至还夹杂了跟读书毫无瓜葛的五律创作。

批注，本就是读书过程中自然而然的有感而发、因情捉笔。任何放弃了原生态阅读，阉割学生原初体验的做法，都是对批注阅读的曲解，更是对学生阅读灵性的伤害。

先有体验，后有批注；反观体验，凭借批注；升华体验，成全批注。

原生态的阅读体验，才是批注的源头活水。

要论古今第一批注，非脂砚斋莫属。研究发现，脂批中涉及"情"字的批语灿若繁星，如：落堕情根、人情、情之至、情里生情、世态人情、至情至理、情痴情种、本性真情、情之所陷、情极之毒、随事生情、因情得文……倘若不是生于情（体验）、钟于情（体验）、深于情（体验），焉能如此信手拈来、金辉玉洁？

愚以为，从原生态阅读体验中流出的批注，即便简单如"哈哈哈"，浅显如"太搞笑了"，暴躁如"摔死它！摔死它"，也要好过装模作样的深刻、无病呻吟的启发、中规中矩的写法。

批注，始于真实的阅读，成全更高品质的阅读。

看清了来路和去路，语文要素学习才能行稳致远。

一本好书可以造就一个热爱阅读的人

杨文华

《阅读的力量》中有一句话："一本'全垒打书'就可以造就一个热爱阅读的人。"读到这句话，我不由想起小时候一段听书的经历。

20 世纪 70 年代，农村家庭很少有藏书。小伙伴大宝家却有一套三卷本的《西游记》，但谁要想借出来读，比登天还难。好在大宝很会讲故事，上学路上，会把书中一些精彩故事绘声绘色地讲给我们听。每天上学，大家都会众星拱月一样簇拥着他，努力和他靠得近一点。为了讨他欢心，让他多讲一点，他的书包每天都会有人抢着替他背。在我童年记忆里，《西游记》中的很多故事都是在上学路上听大宝讲述的。在我们眼里，大宝无疑是最耀眼的明星，他对《西游记》中每个妖精的洞穴和武器如数家珍，让我们佩服得五体投地。

现在想来，《西游记》对大宝来说无疑就是一本"全垒打书"。在那个缺书的年代，《西游记》给一个孩子带来了多大的荣耀和自豪啊！而他对《西游记》的精彩讲述，也让我们这群懵懂无知的农村孩童对书籍增添了一份神往和敬仰。

一个人爱上一件事，往往都会有一个触发点。我不知道，如果没有小时候那段听书的经历，自己会不会爱上阅读，并由此养成终身的习惯。

现在，很多老师和家长常常为孩子不爱阅读而苦恼，感叹让孩子养成读书习惯怎么就这样难！

我觉得，让孩子爱上阅读的第一要诀，就是让他"馋"一本书，就像馋一种美食一样，让他做梦都想得到这本书，一读为快。如同我们小时候渴望读到《西游记》一样，在对我们阅读好奇心的激发上，大宝无疑充当了一个重要角色。我曾听一位优秀教师介绍带学生读书的经验，也同样印证了这一点。她经常读书给孩子们听，常常故意把最精彩的段落放在快下课的时候。那些对书中内容充满好奇的孩子，一下课就迫不及待去找这本书读。

如果想让孩子喜欢读书，就要让他沉醉其中，引导他充分体会到读书的乐趣。对那些爱阅读的人来说，阅读一本好书，沉浸在文字里与作者对话、与书中的人物对话，是一种无与伦比的幸福。心理学上有一种现象叫心流，是指人们专注而轻松地投入某种活动时所呈现出的一种心理状态。一个人处于心流状态，往往会进入忘我的境界。当我们读到一本好书时，极容易忘掉周围的一切，独自沉醉于书的世界中。很有意思的是，许多名家都提到自己小时候在课堂上偷偷读课外书的经历，说明沉醉于阅读是多么美妙的事啊！

当然，阅读仅仅靠兴趣和乐趣显然不够，还需要有一定的意志力来维持。而人的意志又总是与动机密切相关的。马斯洛认为，需要的最高层次是成就动机。一个人被一种巨大的成就感推动，就会产生一种非同常人的顽强意志力。就像我们的好朋友大宝之所以能把一套《西游记》那样绘声绘色讲给我们听，就是因为他在小伙伴的敬佩眼光中获得了巨大的成就感，进而激起了他的阅读意志，保持着极好的阅读专注力，直到把《西游记》读到烂熟于心为止。

所以，让孩子爱上阅读还真的是有蹊径的，首先就是让他拥有一本自己喜爱的、有阅读价值的书，打开他原生态的阅读味蕾，开启他人生初始阶段的阅读体验，让他充分感受到阅读的甜蜜与芬芳。

谈
读
写

聊成长

看着管建刚们长大

李振村

朱文君对我说："管建刚的作文教学专辑编好了，你写个卷首语吧！"

我答："你是这本专辑的责编，熟悉他，你写多好啊。"

朱文君笑道："管建刚是你看着长大的，还是你写吧！"此言一出，办公室里一片笑声——因为我与管建刚年龄相差不过十岁，且又从未在一个地方生活过，说我看着他长大，委实夸张过度。

笑毕，我细细琢磨，这话也并非全无道理。

第一次见管建刚，是 2005 年我们编辑部在上海举办的作文教学研讨会上。

那次会议专门邀请了一些专家前来观摩。朱文君不知听谁介绍了管建刚，于是把他也请来了——在此之前，我压根就没听说过管建刚这个名字。开幕式上，介绍每一位嘉宾，都是掌声热烈。介绍到管建刚，他羞答答地站起来，脸色红红地向大家招手，结果会场上掌声零落——看来不仅是我，一千多位与会代表中就没有几个人知道他，当然更没有人想到，这个腼腆的小伙子日后会成为中国小语界的一匹黑马，斜刺里冲出，在不起眼的班级作文周报小径上，哗啦啦蹚出了一条宽阔的大道！第二次见管建刚，是 2006 年，编辑部在浙江举办新经典诵读培训班，管建刚再次被请来，这回不是当嘉宾了，安排他在会议期间的某个晚上，做了一个小讲座。他有些紧张，拘谨地坐在讲台上，眼睛始终盯着电脑，絮絮叨叨地讲着。不一会儿，额头上已经是汗津津的了。虽然他讲得有些磕巴，但是我已经感受到了一股迅速崛起的新生力量。他讲述的作文教学经历，那么另类，那么新鲜，那么别致，甚至可以说很有些刺激，犹如一道锐利的阳光，刺透了作文教学天空中厚厚的乌云。

管建刚，已经呼之欲出了！

第三次见管建刚，是 2010 年，我郑重邀请他作为全国著名作文教学专家，到山东讲座。此时的他，在一千多老师的目光聚焦下，沉稳地坐在讲台上，面色沉静，目光深邃。他不疾不徐，娓娓道来，如小溪般汩汩流淌的语言中，不时爆出幽默和智慧的浪花，会场上一忽儿鸦雀无声，一忽儿开心大笑，一忽儿掌声如雷……

我坐在下面，和所有听课者一起微笑，一起沉思，一起鼓掌，一起激动。

管建刚，已经成为真正的小学作文教学专家了！

就上面所述而言，说管建刚是我看着长大的，不是有那么一点点意思吗？起码，在几年的时间里，作为一个旁观者，我见证了管建刚在作文教育田园里一点一点拔节生长的过程。

当然，不是说管建刚会演讲了，就是作文教学专家了，支撑他的演讲的，是他"十年磨一剑"精心构建的高效独特的小学作文教学体系，是他的学生挥洒自如的写作能力，是他一本又一本反响巨大的专著：2005 年，出版《魔法作文营》；2006 年，出版《不做教书匠》；2009 年，出版《一线教师》；2010 年，出版《我的作文教学主张》《我的作文教学革命》和《我的作文教学故事》。2008 年，管建刚被评为江苏省特级教师；同年，被评选为全国推动读书十大人物之一……

管建刚何以成为管建刚？

在这篇简短的卷首语里我自然无法详述。好在这本专辑给我们呈现了一个立体丰满的管建刚。我们可以在一个安静的夜晚，在秋虫的呢喃声里，一杯清茶，一卷杂志，从从容容走近管建刚，走进管建刚的人生天地，走进管建刚的作文世界……

我坚信，在这种轻轻的走进中，又会有无数的管建刚悄然开始了自己的成长。

聊

成

长

受伤的地方生长思想

闫　学

　　曾有一位西方哲人说，受伤的地方会有思想生长起来。这句话，让我想起了我认识的一位青年教师的成长经历。

　　这位青年教师刚刚参加工作一年，便在学校同龄教师中脱颖而出，被推选代表学校参加市优质课评选。为了这次赛课，他虚心向有经验的教师请教，反复试教，精心制作课件，事无巨细，精心准备，自以为万无一失。不料参赛那天，他精心制作的课件突然出现了故障，怎么也无法打开，结果严重影响了上课效果，最后名落孙山。虽然事出有因，虽然学校领导和同事们并没说什么，但他自己却总觉得灰头土脸，难以交代。赛课的失败成了他的一个心结。

　　直到有一天，他看到一位有名的特级教师的公开课上竟然出现了同样的一幕：这位老师的课件也打不开了！此时，台下听课的近千名教师开始议论纷纷，大家都在看特级教师如何收场。可是特级教师放弃了原有的设计，临时采用了新的教学方法。出乎大家的意料，这节课上得精彩纷呈。因为没了课件，课堂反而多了平心静气读书的时间，多了师生展开充分的对话与交流的机会，课上得平实、扎实、朴实。青年教师看到这里，忽然明白，上次赛课的失利绝不仅仅是由于课件的故障，归根结底是由于自身教学功底的欠缺：一个真正的优秀教师，他的成功不是因为一些外加的因素，虽然这些外加的因素可能会影响一时，但绝不会影响一世。他决定踏踏实实地从丰厚自身底蕴出发，不懈地锤炼自己，让自己慢慢"长大"。就这样，他渐渐走出了低谷。十年后，他不仅获得了全国青年教师赛课一等奖，还成为省内最年轻的特级教师。

　　我非常佩服这位教师。我对他的敬意不仅仅是因为他的成

238

功，还因为他从一次失败看到了自身的弱点，从而找到了前行的方向，一步步地向着自己的目标走去。他能够从跌倒的地方爬起，并且准确地找到跌倒的原因，是一个有思想、有智慧的教师。

世间的一切生物，因为有了生命而有了生老病死。一棵树在成长的过程中必然会有枝丫，它一方面吸收了阳光雨露，另一方面也增加了小树额外的负担，只有适时地修剪那些多余的枝丫，小树方能长成大树，才能最终长成一片更加茂盛、更加美丽的风景。而当它真正作为一棵树屹立在天地之间的时候，它身上那被砍掉枝丫时留下的累累伤痕早已成了一只只睁得大大的"眼睛"，注视着世间它曾经见证过的一切。

一棵树的成长是这样，一株小草的发芽滋长亦是如此。"野火烧不尽，春风吹又生"，熊熊大火烧尽了漫山遍野的枯草，为春天的到来积蓄了营养和能量，才最终有了来年的生机勃发，才最终欣赏到了"远芳侵古道，晴翠接荒城"的开阔壮丽的画面。

老子在《道德经》中提道："人法地，地法天，天法道，道法自然。"归根结底，人类虽是茫茫宇宙中的一个奇迹，但依然要遵循自然的法则。不怕风吹雨打，才能练就一身坚韧的筋骨；不怕电闪雷鸣，才能生成直面一切的勇气。不管在任何时候，我们都要坚信，受伤的地方成长思想；一扇门关上，必定有另一扇门打开。

聊
成
长

我们与名师的差距究竟在哪里

李振村

　　很多老师，包括教龄几十年的老教师，也经常会感叹：自己的课与名师的课为什么总存在那么大的差距？

　　后来，跟于永正老师聊起这个问题，他说："其实对老教师来说，教学方法一般是没啥问题的，我感觉最主要的还是对文本的关注程度不够，很多老师一篇课文教了好几遍，但文本的解读还是停留在同一个层次上。"

　　于老师的话让我想起了很多名师解读文本的细节：

　　时常有徒弟向贾志敏老师请教：怎样才能备出一节好课？贾老师总是反问：课文你背下来了吗？"备课，首先要能把课文熟读成诵"，这是贾老师的备课"座右铭"。凡贾老师教过之文，他均能张口就背，朗朗成诵！

　　窦桂梅老师备《丑小鸭》，不但研读了安徒生的全部童话，还研读了几个版本的《安徒生传》，并进而研究了童话文体的特点，与本校老师讨论了 10 次，写下 12 万字的备课札记……一节课这样备下来，窦老师成了安徒生研究专家。

　　于永正老师执教公开课，不管课文教过多少遍，临上课前的晚上，他都一定要手捧教材，声情并茂地大声朗读，五遍方止，然后凝神静思，细细体悟。于老师备课，还有一个从不妥协的"规则"：对课文中的任何枝节问题，只要存有哪怕丁点儿疑惑，也要彻查。《全神贯注》中说：罗丹每次修改作品总要盖上一层湿布。为弄明白这样一个枝节问题，于老师专程跑到文化馆请教；《我的伯父鲁迅先生》说鲁迅送给侄女两本书，《表》和《小约翰》，这两本书是谁翻译的？也是一个不起眼的枝节问题，于老师专程跑到大学图书馆查资料。

　　王秘舟老师备《长相思》，细细读之，却一时没有感觉。于是，跳出词外，他研读了几乎所有能够找到的《长相思》的评鉴文字，写下了1万多字的评鉴笔记；由此，他又一步步走入了作者纳兰性德的世界——他的生平、他的性格、他的爱情、他的人生细节……一段时间，他甚至精神恍惚，仿佛与纳兰性德相伴而行，同喜同悲。就这样，一首词的细读，王老师花了整整一个暑假，最后，他又将1万多字的评鉴浓缩为1 493字的感悟。正是有了这样的文本细读功夫，在2005年我们举办的全国首届中华经典诗文诵读研讨大会上，王老师的《长相思》一炮打响，引起巨大轰动。

由此可见，课堂的精彩更多的是来自课外的功夫。我们早在2007年就开始大力倡导文本细读，引起了全国小语界的文本细读热。但文本细读的目的不仅仅是为了吃透教材，它还是老师提升语文整体素养、提升专业精神境界的一个重要通道，只有把文本细读与专业成长整合在一起，我们前方的道路才宽阔而敞亮。

王松舟老师借大哲学家尼采的"精神三变"说来解读自己细读《长相思》的精神历程：先变骆驼，再变狮子，最后成为婴儿。骆驼意味着接受训练，听从指导，传承前人的经验和文化；狮子则意味着唯我独尊，自己作决定，对自己负责；婴儿象征着"完美的开始"，让人的精神重新回到具有无限可能性的原点。

名师精彩教学艺术的源头就在这里：谁要是完成了从骆驼到狮子再到婴儿的转变，那么谁的课堂就进入了自由的王国和艺术的境界。

做一名有思考力的教师

刘发建

有一篇《尊严》的课文，大意是讲美国石油大王哈默年轻时和一群人逃难，沃尔逊镇的杰克逊大叔开仓救济大家时，所有逃难者都狼吞虎咽，唯有哈默坚持先劳动后吃饭。杰克逊大叔只好弯下腰让哈默捶几下背，哈默才心安理得地狼吞虎咽。故事最后说，杰克逊大叔不仅把哈默留在庄园，还把自己的女儿许配给哈默。杰克逊大叔对女儿说了一句话："你别看他现在一无所有，将来他一定是个富翁，因为他有尊严。"

我一眼就看出这是一篇有问题的课文。我先让孩子们逐字、逐句、逐段细读课文，不放过任何一个细节。细读之后，问了学生一句：哈默有尊严，请问那些狼吞虎咽的逃难者有没有尊严？

学生们脱口而出，没有，他们不劳动就吃别人的东西，没有尊严。

我吃了一惊，问他们："一群骨瘦如柴的逃难者，面对杰克逊大叔的主动开仓救济，这些逃难者不偷，不抢，接受了别人的救济，就没有尊严了吗？"

有的学生说有，有的学生还是坚持说没有。

我接着追问一句："街上乞讨的乞丐有没有尊严？"

"当然没有，乞丐怎么会有尊严呢？"学生们异口同声。

我说，那些"假乞丐"暂且另当别论，如某个人遇到一些特殊原因，流落街头乞讨，难道我们就不应该救济他吗？

乞丐，是困境中的人，他也是人，也有人的尊严。就算是"假乞丐"，他们也许在道德上有问题，但不能说他们没有尊严。

当我追问"你们有没有尊严的时候"，大部分孩子都说自己有尊严，但也有一些孩子没吭声，甚至有个孩子说自己没有尊严。我问那个孩子，你为什么没有尊严？

"因为我成绩很差，常常被人瞧不起。"

那一次是借班上课，我不了解孩子的情况，但孩子说出来的话，让我惊呆了：一个孩子仅仅因为学习成绩差，就认为自己是一个没有尊严的人。这是多么可怕的一件事。

我无法直接告诉孩子们什么是尊严，但我那天明确地告诉所有的孩子，所有的人都有尊严，乞丐有尊严，成绩差的人有尊严，就连罪犯都有尊严。只要是人，他就有尊严。尊严不是哪个人有，哪个人没有，而是所有人的共同标志。你伤害一个人的尊严，其实就是伤害自己。

虽然小学生还不知道什么是"尊严"，但经历那天的课堂，孩子们知道自己是有尊严的，知道别人是有尊严的，知道所有的人都是有尊严的。

后来我们知道了这是一个虚构的故事。如果我们不擦亮自己的眼睛，不能发现其中的问题，一味地照着"教参"宣讲哈默的"尊严"，会毁掉多少孩子的"尊严"呀。

英国教育家怀特海说："学生是有血有肉的人，教育的目的是激发和引导他们的自我发展之路。"学生的自我发展之路，首先就源于孩子们的独立思考。如果一个人丧失了独立思考的意识和能力，他就只能永远走别人的老路，就不可能走上自我发展之路。

一个没有独立思考意识的教师，不可能培养出具有独立思考能力的学生；如果没有独立思考能力的学生越来越多，这个民族的创造能力就会越来越弱。

独立思考能力不是教育的全部，但一定是教育的核心。二十六年的教育生涯，我越来越深刻地体会到一点：教育，千教万教教人思考，千学万学学会思考。

做一个有思考力的教师，就是一种担当。

聊成长

发现自己的生长点

杨文华

许多年轻老师都有着强烈的成长渴望，愿意学习，特别是向有成就的名师学习。观看名师的教学录像，学习名师的教学设计，甚至连名师的教学语言风格都模仿得惟妙惟肖。这些对于帮助他们快速地成长能起到一定的助推作用。可是，一味地崇拜名师，模仿他人，往往会迷失自我，找不到自己成长的方向。

青年教师专业成长应该从哪里起步呢？

在植物幼芽的顶端，都有一个半圆球形晶莹透亮的生长点，也叫生长锥，它由一团具有很强分化能力的细胞组成。春天，随着气温逐渐升高，生长点也随之从沉沉的冬眠中苏醒过来，脱去冬装，长出嫩芽……由此，我联想到，青年教师成长是不是也需要一个专业的生长点？

上海青年名师戴建荣，年纪轻轻，在吟诵教学方面颇有建树，就是从一个小小的兴趣点开始的。

有一年，学校派他去参加一个古诗词吟诵培训班。很多老师对这种传统吟诵法不以为然，感觉怪腔怪调的，甚至觉得很可笑。可是，他一下子就喜欢上了吟诵，学得异常认真。他把吟诵技巧学到手以后就大胆在课堂上运用。没想到，每次上古诗吟诵课，学生都兴趣盎然，欲罢不能。在一次全市公开课上，他上了一堂古诗吟诵课。他将读、唱、吟、舞的形式巧妙运用在教学中，产生了极佳的效果。老师们被这种形式独特的课深深吸引住了，对他赞不绝口。

从那以后，戴老师一发不可收，开始潜心研究吟诵教学规律，慢慢形成了自己吟诵教学的独特风格，成为了全国闻名的吟诵教学专家。

戴老师的成功，正是因为他找到了一个适合自己的生长点，并依据这个生长点，充分发掘出自己的潜能，找到了专业成长之路。

　　很多名师的成长也都是从一个小的生长点起步的。比如老一代名师丁有宽从读写结合教学入手，贾志敏老师从素描作文起步，都取得了不凡的成就；青年一代名师管建刚从最初的作文手抄报开始，完成了一场震动小学语文界的"作文教学革命"；上海青年教师丁慈矿把对联引进小学语文课堂，开发了一种生动有趣的小学对联课程，成为小语界有名的对联教学专家；广西桂林的唐茜莉老师从孩子喜欢的灯谜入手，开发出了一种别样的诗词灯谜课，也成就了自己的专业发展。

　　可见，一位教师的专业成长，不一定要面面俱到，样样都会。只要选取适合自己的某个领域去挖掘，去耕耘，往往会取得意想不到的收获。

　　每位老师都可以结合自身的个性特长，培植出适合自己的专业生长点。而一个人一旦找到自己的生长点，他就能把自己全部生命能量都调动起来，聚焦于一点，去实现某个方面的突破，形成某个方面的专业优势，并从这个优势出发，形成由点成面的发展效果。

　　从一个极具生命力的生长点开始，一棵草、一朵花、一棵树才完成了它们的生命成长，才有了生机盎然的大好春天。如果我们每位教师都能找到自己的生长点，并由此走上专业成长之路，那么，教育的田野也一定会满眼春色，生机无限。

做一个简单的教师

王维审

一位朋友，做老师已经做到了令人仰视的地步。他所拥有的，除了各种荣誉称号，更多的是社会兼职：某某理事，某某秘书长，某某代表，某某委员……刚开始的时候，每增加一个兼职，他都会兴奋上一阵子，周围的人也就多了一分对他的羡慕。但他很快发现，参加各种活动消耗了他太多的精力，自己的时间被瓜分得支离破碎，在身心疲惫的同时，自己的专业也几近荒废。从某种程度上来说，他成了这些身外之物的"奴隶"。

这是一个特例，教师中能够有他那样"成就"的人毕竟是少数。对大多数老师来说，最消耗精力的往往是一些小的事情。这些小事情一般有两个来源，一是自己与别人对比中的"不平衡"，诸如评上优秀的为什么是他而不是我？外出学习的机会怎么又给了他？他为什么比我早评上职称……这些都会刺激人越来越奔波在"努力"的路上；二是守护自己"已得"的，好不容易拼抢来的东西，守住也是一件劳心费力的活，需要十二分的小心和付出。这样一来，有些人的内心就不再平静：别人有的，自己必须有，并且是越多越好；别人没有的，自己也要争取有，并且要全力以赴。一个人，若是内心被这些东西所纠缠，累就是自然而然的事了。

日本杂物管理咨询师山下英子曾经写过一本书，书名是《断舍离》。在书中，她提出了"断舍离"的人生整理观念。所谓"断舍离"，就是透过整理物品了解自己，整理心中的混沌，让人生舒适的行动技术。换句话说，就是利用收拾家里的杂物来整理内心的废物，让人生转而开心的方法。对教师来说，也需要这样的一种思考：以自己而不是利益为主角，去思考什么东西最适合现在的自己；重新审视自己与利益的关系，去思考什么东西是自己最需要的。有了这样的思考，才能让自己的心情变得清爽，也才能改善自我的心灵环境，从外在到内在，变得彻底轻松。

其实，"断舍离"就是在教我们进行适时、适当的取舍。断，就是断绝不需要的东西；舍，就是舍弃多余的东西；离，就是脱离过度的执着。有些时候，我们渴望得到的很多东西，未必是我们必不可少的，想要得到的原因无非就是"别人有"；我们紧紧攥在手里的很多东西，未必是我们当下所需要的，不肯舍弃的原因无非就是舍不得放手；我们苦苦追求的很多东西，未必是值得我们穷尽一生去努力争取的，心不甘的原因无非就是自己"没得到"。对每一个教师来说，若是能够学会断绝不需要的东西，舍得放弃没有用的东西，找到值得自己追寻的东西，那么教育生活就一定会变得轻松自如、清爽透彻。

现代社会压力越来越大，外在的诱惑越来越多，教师内心积攒下来的东西也越来越复杂。如果我们不懂得取舍，不会彻底清理自己的内心，不懂得从加法生活到减法生活的转变，就只会让自己感觉越来越累，越来越缺乏前行的动力。说到底，不管是朋友那样的"大家"，还是普普通通的老师，学会断、舍、离，给自己一个愉悦的生活空间，做一个简单的教师，这样会更好。

聊成长

给自己起一个童话名字

边存金

我第一次听杭州的姜晓燕老师讲课是在上海，当时她正用自己独特的方式讲绘本故事。

课结束的时候，她从台上下来，正巧坐在我旁边。我对她说："晓燕老师，你讲得太好了。"我把自己写的一首小童诗送给她："一只小燕子，穿行在绘本的丛林，每一句的呢喃，都是最美的春天。"

她兴奋不已，高兴地对我说："你是第一个叫我小燕子的人。"

我说："你像小燕子，以后就叫你小燕子老师吧！就当是我送你的童话名字。"就这样"小燕子老师"代替了"姜晓燕老师"，成了大家都喜爱的名字。

一次，我到浙江浦江县参加《神笔马良》创作60周年纪念活动。在洪汛涛先生的故乡，我介绍了自己在组织学生"童话阅读和创作"方面的一些探索，讲述了蚂蚁嘎德班孩子们的童话学习生活。

当活动结束时，著名童话作家韦苇先生把我送到会场外，嘱咐我要继续坚持把这项活动做下去。临分手的时候，他送给我一张名片，上面竟然是卡通的他骑着一把扫帚，在星空中行走。韦苇先生说，他骑着扫帚是要去做亲手擦星星的人。难怪儿童文学理论家蒋风教授称他是"大龄儿童"。

记得有人说过，在每一个人的内心深处，都住着一个小小孩。是我们不经意间忘记了他的存在，所以，我们慢慢地变得像个大人，甚至是无趣的人。我们要做的，就是想办法寻找到被我们扔在时光角落里的那个小孩，让我们的内心重新快乐起来。

做一名有思考力的教师

一次，我参加了一位一直在村小工作的老教师 58 岁生日派对。为了表达对这位老师的尊重，我专门请人为他创作了一张卡通画。画面的内容是他年轻的时候，正在学校的边上栽种一棵小白杨。

当"生日快乐"的歌声唱响的时候，我把这一幅裱好画框的卡通画捧给了他。我对他说："你就是童话故事中的种树人。"这位老教师热泪盈眶，说这是他收到的最有意义的礼物。此后，这位老师把这幅卡通画挂在他的办公室里。他也变得更加青春焕发，学校里凡是他能插得上手的工作，他都抢着去做。

受此启发，我和蚂蚁嘎德班的老师都给自己取了童话名字，很快，蚂蚁嘎德班的同学们也都给自己找到了喜欢的童话名字。从那以后，班级就成了一个童话的世界：我们在以童话引路进行阅读和写作的进程中，开展了丰富多彩的活动，我们的运动会成了童话运动会，我们的演唱会成了童话狂欢节，我们的日记成了童话写作，我们的班级管理也引进了童话哲学理念……蚂蚁嘎德班的学生常常高兴地说："从此，我们过上了幸福的童话生活。"

其实，给自己寻找一个童话名字，就是擦亮童年时属于自己的那颗星星，照亮自己的童心；给自己寻找一个童话名字，就是重新给自己埋下一粒奇妙的快乐种子，给自己带来更多的新鲜和快乐；给自己寻找一个童话名字，也是给自己身边的人一个美丽的示范，让他们看到：仅仅是多了一个名字，就让寻常的生活变得如此奇妙。

争坐前排

李振村

五年前，在我们举办的全国首届暑期小学语文教师高级研修班上，一位女老师每天都坐在会场的最前排。每次与专家互动都第一个举手发言，虽然有时发言并不精彩，但她不以为意，总是保持踊跃的状态。六天培训，天天如此。

四年前，在第二届暑期高级研修班上，还是这位女老师，还是每天都坐在会场的最前排，还是只要有互动的机会，都第一个举手，第一个发言，六天培训，天天如此。

三年前，在第三届暑期高级研修班上，依然是这位女老师，依然是每天都坐在会场的最前排，依然是抢着发言。六天培训，天天如此……

近两年，在各种研讨会议上，已经可以时常见到她讲座的身影；她的文章不时见诸报刊；她的教学实录很多老师都在研究……她已经成长为特级教师，成长为江苏省句容县实验小学的优秀学科带头人。

她的名字叫巫新秋。

巫老师能有今日的成就，能够评为特级教师，能够成立"巫新秋名师工作室"，这里面固然有很多因素，但与她在各种教学研究活动中总是争坐前排不无关系。

一位教授，曾经观察记录一群大学生在课堂里的座位选择，他发现：有的学生总是喜欢坐前排，有的则是盲目随意，有的总是有意选择后面的位子。十年后，这位教授公布了自己的研究结果：当年那些总坐前排的学生，事业获得成功的比例远高于其他同学。

美国心理学家的观察也证实了这一点。早在1969年有人研究发现：主动选择最前排座位的学生，参与课堂活动的比例达

61%，对功课更感兴趣，更愿意主动与老师交流。而选择最后一排以及两边座位的学生，参与比例只有 31% 和 48%，而且在听课时易走神，喜欢做小动作。

一个人主动选择坐前排，意味着他有更积极主动的心态，意味着他更乐于参与和交流，意味着他对新鲜事物有着更强烈的兴趣、保持着更敏锐的感觉，于是，他也就获得了更丰富的信息，获得了更多的展示和锻炼机会，拥有了更强的自信，当然也就更容易获得成功。

英国前首相撒切尔夫人在很小的时候就被父亲要求：无论做什么事情都要走在别人前面，就是空的公共汽车，你也要争坐前排。大学期间，拉丁文课程规定五年完成，她日夜苦读，竟在一年内就啃下了这块硬骨头。体育、唱歌、演讲……她样样都走在最前头。最终，她成为英国历史上第一位女首相，成为欧洲政坛上耀眼的明星。

其实，是否坐在前排只是个形式问题，最重要的是一个人要保持积极主动的心态，有了这样的心态，才有成长的动力。因为只有当一个人愿意成长的时候，成长才成为可能。

聊成长

我们需要更多的"共同体"

谈永康

这是发生在 1998 年 4 月的真实故事。

此时的江南，正值杂花生树、草长莺飞。一所学校的小小会议室里，一个名曰"小学语文教改中心组"的实践共同体正悄然诞生，数十位来自不同学校的骨干教师走到一起，从此开始了他们每月一次雷打不动的语文聚会。

一个县级市，一个语文学科，这样的共同体注定不起眼，它的故事也不会多么精彩。然而它简单而顽强地"活着"，因为它有很多事要做——

打开每间教室的大门。每位成员都上课，带着要研究的问题；课后必有评论，意见坦诚而尖锐。上课者不会也无需脸红，因为每个人都有这样的时候。

任务驱动以改变区域。自诞生之日起，这个共同体就以"为一大事来，做一大事去"为自己的使命，先后完成：编写低段区本教材，尝试在课程层面解决"提前读写"的难题；大刀阔斧地改革，语文只考积累、阅读与作文；集聚智慧，依据教材完成三至六年级作文指导课教案；以薛法根老师为灵魂人物，致力于"组块教学"的阅读课堂改进……

结交"重要他人"，走出去。这个共同体主动邀请或有心接触大学教授、语文名师、杂志编辑等：朱永新教授、吴立岗教授、贾志敏老师、李镇西老师、张化万老师、《小学语文教师》谈鸿声主编……当然，还有王崧舟、王琳琳等同台论剑。

以"小学语文"的名义凝聚起来这样一个团队，我曾是团队里幸福的一员，其内涵、特点、价值，我无力阐述，但愿意描述概要——

它拒绝只是"一次性"。组织一次大型展示、交流活动，可

做一名有思考力的教师

以轰轰烈烈，可以赢得众多关注，其功效不可低估，但共同体更应如细水长流，坚持，坚韧，具备水的品性，能够静下心来。纵使语文再难，只要不停地做，从早晨做到晚上，从冬做到春，语文一定会春暖花开。

它拒绝只是"一言堂"。共同体里有权威，当然也敬重外面的权威，但更倡导生来平等。每个人都"打开心来"，无论上课还是研究，无论实践还是思想，都既重视内部的交流与碰撞，也欢迎外部的指导与介入。虚心的竹子拔节最快，分享交流、同学共进让每个人都成为自己的主人。

它拒绝只是"一片好"。课后的甜言蜜语，会上的热烈掌声，能锦上添花，而保持清醒的头脑，听得进建议、意见乃至批评，拒绝"叫好声一片"，需自信，还需一片"真心"。

它拒绝只是"一堵墙"。每个人都需要墙，墙里有风平浪静的生活，墙里可以开花结果。然而，共同体又是开放的，每一年都有新面孔加入，也几乎每年都有大舞台，在展示研讨中应纳东南西北风。自然界有墙，而心应该纳百川、容千山。

现在，大家都看到了，这个共同体里走出了薛法根，走出了管建刚，走出了张学青，当然还会有更多人走出来。

事实上，每一个人在前行时都需要力量，有了想法可以交流，有了困惑不必四顾茫然，感到教学研究的寂寞孤独时，能够在平等的学术精神中沐浴，能够在温暖的沙龙氛围里行走。如是，我们也就更易获得职业的尊严与人生的幸福。

聊成长

253

所谓教师发展的高原期

闫　学

　　对许多优秀教师而言，似乎总有那么一段时间，找不到前行的方向，也找不到进一步提升的突破口，个人发展似乎停滞了。这种现象被称为教师发展的"高原现象"，这段时期被称为"高原期"。

　　我本人没有经历过"高原期"。虽然我和大多数教师朋友一样，在二十多年的教师生涯中，也遇到不少困惑和难题，但我总是会很快步入新的轨道——一条足以不断地引发我的好奇与行动渴求的轨道。它呈上升态势，而且无限延伸。怎样觅到这条轨道？并非是我偶然的运气使然，仔细想来，无非是这些年不间断的阅读让我保有了对知识的渴望和清醒评判自身的能力——当然，还有很重要的一点，那就是从阅读中不断受到启迪，收获灵感，这让我总是能看到方向，看到远方的光亮。也就是说，所谓高原期其实在很大程度上是阅读缺失的表现。

　　我认识一位非常优秀的小学语文教师。有一段时间她对语文教材中的神话教学产生了浓厚兴趣，但进行了一段时间的研究之后，她陷入了一个比较困惑迷茫的境地，找不到突破口，进入了她专业发展的高原期。后来她发现要进行这方面的研究，需要比较深厚的人文阅读背景，尤其是历史、哲学、美学等不同层面的阅读背景。而这，对于师范大学小学教育专业背景的她来说，是一个比较大的知识空白。于是，她开始通过阅读弥补自己的知识空白。她渐渐发现，神话教学远远不是把神话文本教得新奇有趣就可以了，每一个神话的诞生、流变、发展，其实都有着复杂的历史文化背景。当她意识到这一点的时候，她对神话文本的研究开始站在更加丰富、深厚的人文背景下展开。自然地，她阅读了不少与此相关的历史、哲学、美学等相关书籍。渐渐地，她在课堂上提出的问题就摆脱了单纯的技术层面，进入了一个比较深入、开阔的探究领域，其专业发展可谓柳暗花明，"高原期"自然就不存在了。而这，在很大程度上归功于她用持之以恒的阅读行动逐渐完善了自己的知识结构。也就是说，阅读帮助她突破了自己语文教学研究中的高原期。

高原期的出现也表现为内心活力的减少或丧失。当一个教师处在发展的高原期，他必然已经经历了教师生涯中较长时间的磨砺。当他的努力累积到一定的阶段，他获得了自己所渴望的回报，甚至还有意外的回报，于是他就很容易陷入发展的高原期——因为他可能一时找不到下一步渴望到达的目标是什么。没有目标，当然也没有方向。这就意味着内心活力的减少或丧失。而内心活力的大小甚至活力的有无，除了天性使然，还可以借助外力，从各种渠道去获得，阅读便是其中较有效果的方式之一。木心认为读狄更斯的作品是一种很好的"心灵滋补"。他引用托尔斯泰的话，认为狄更斯的作品可以助人摆脱忧悒："……如果谁落在忧悒中，不妨试试沙发、巧克力、狄更斯。"木心的说法不仅仅是幽默，还有更加丰富的人生趣味在其中。

这样看来，高原期的阅读就是一种心灵滋补，积聚能量，蓄势待发。一旦条件成熟，马上活力四射，高原期自然就不存在了。而没有阅读，不但不可能活力四射，连高原期也不能持久——教师向高处提升自己的速度可能比较缓慢，但下坠的速度是很快的。

聊成长

发现"声音"的价值

边存金

参加《小学语文教师》编辑部组织的"教师好声音"大赛，感觉在场的人个个精神焕发、神采奕奕。朗读，让大家找回了语文的感觉，表情便鲜活生动起来。

我开始关注朗读的声音是在上初中的时候。当时，学习鲁迅先生的《从百草园到三味书屋》，遇到"铁如意，指挥倜傥，一座皆惊呢~；金叵罗，颠倒淋漓噫，千杯未醉嗬~……"弄不明白句子后面弯弯曲曲的符号是什么意思。后来到师范学校读书，接触到音乐课本中的波音符号，推测那就是鲁迅先生用来标示寿先生读书声音的。

平时，我时常接触到很多向我求助该如何参加就业面试的大学生。他们最大的困难，就是朗读、演讲时的语言表现力薄弱。他们中很多人，连基本的轻重音、节奏、语速都搞不明白。我给他们的建议就是，抓紧时间像小学生那样，从说话的基本功开始练习。面对他们，我常常想，如果在小学阶段就得到这方面的良好训练，就业的时候何至于这样麻烦！

古人衡量诗词文章的最高标准是形成气象。所谓气象，与作者的胸襟、气度、精神境界有密切关系。这种气象的形成，不是一日之功，必须在平时读书、写作过程中慢慢培养。我们今天指导学生读书，应该向古人学习。古人小时候诵读经典，诵读的不是一个个孤零零的汉字，而是完整的经典篇章，感受着经典诗文中的旋律、节奏乃至语调和文气，以经典中的气象塑造自己的精神品格。古人就是这样读书学习的，所以把上学叫作读书，把文人叫作读书人。

我曾经在诸葛亮的老家作过调查，当孩子三岁的时候，当地百姓都会要求他大声读书。因为大家都明白，孩子小的时候就应该通过大声读书来培养浩然之气。古人读书，是把书和人融为一体的，这叫把自己也读进去。现在的人叫看书。看书的人是在书外，因而是没有声音参与的阅读。我对一个网络视频印象深刻：一个孩子读英雄的故事，读着读着热泪流下来，他就是读书读进去了；然而，他身旁的同学都在傻笑，笑得很可怕，显然，他们一直站在书外。我们可以由此反思教学，趁孩子现在还在我们班级，抓紧时间指导他们大声读书，帮助他们读到书里去，不要再站在书外傻笑。

作为教师，如果自己的朗读不好，该怎么办？没关系，不妨从现在起，每天挤出十分钟、二十分钟，一句一句慢慢学，一篇一篇反复练，就像我们指导小学生朗读那样。我的感受是，朗读是一门博大精深的学问，需要细心学，慢慢练，不能急于求成。不经过长时间的修炼，很难体会到里面的精妙。比如发音的部位，舌位前后高低，差一点都不可以，甚至面部表情肌的动作，略有不同，表达效果就可能大不一样。这样反复修炼，既可以帮我们培养精细的语感，积累朗读指导的经验，又可以滋养我们的精神生命，涵养我们的浩然之气。有了这样的底蕴，我们才有指导孩子朗读的本钱。

令人高兴的是，现在越来越多的语文教育者开始重视朗读了。在"教师好声音"大赛活动中，许多老师不约而同地表达了对寻找小学语文"教师好声音"的渴望。我想，组织朗读大赛活动的意义，就在于感召更多的老师参与进来，共同发现语文课堂上"声音"的价值。

聊成长

名师的三重境界

孙双金

当年评上特级教师，于永正老师对我说："小孙啊，特级教师是有层次的，有一般特级教师，有著名特级教师。你要争取当著名特级教师。"

于老师的话我一直铭记在心。

什么是著名特级教师呢？我认为有三重境界：

第一重境界是有成名的课堂。名师都是从课堂中走出来的。没有成名的课堂就不能算真正的名师！教师的天职就是上好课，不仅要上好平时的家常课，让学生喜欢；还要上好公开课、研究课，引领教学改革方向。"打铁还需自身硬"，只有拿出过硬的好课，同行才佩服你，学生才敬爱你，你才配得上名师的称号。

哪位真正的名师没有自己的代表课？支玉恒老师一堂《第一场雪》名扬天下；于永正老师的古诗教学《草》让人拍案叫绝；贾志敏老师系列作文指导课让人津津乐道；王崧舟老师的《长相思》余音袅袅至今不绝；窦桂梅老师的《秋天的怀念》扣人心弦；薛法根老师的《匆匆》给人深刻印象……上好课，用课说话，这是名师成长的硬道理。

第二重境界是有自己的特色课程。名师仅有成名的课堂还不够，还应该再向前走一步，思考"教什么"更有利于学生学科素养发展。"教得好"是教学法的层面，"教什么"是学科课程层面。名师应该在这两个层面都有思考，都有建树。新中国成立以来，我们在"教得好"的层面上涌现出许多名师，但语文教学"少、慢、差、费"的现象一直没有得到根本改变，为什么？我认为就是在"教什么"课程层面思考得少，研究得少，改革得少。我曾经多次打比方，如果家庭主妇只研究炒菜方法，却不到菜市场去买营养丰富、绿色新鲜的菜品，菜品原料不新鲜，营养不丰富，再怎么折腾也没有多大突破。

2009 年，我在《人民教育》杂志发表了《13 岁以前的语文——重构小学语文的教学体系》（后改为"12 岁以前的语文"），提出小学语文教学内容要有"三大块"：国学经典、诗歌经典、儿童文学经典。这就是在探索构建小学语文课程新体系，强调小学语文是经典的语文，是积累的语文，是带得走的"种子语文"，是为儿童一辈子奠基的语文，是人生语文的"童子功"。文章一经发表，就得到了广大有识之士的响应。当下国内有影响的名师，大多有自己的特色课程，如陈琴的"经典素读"课程；韩兴娥的"海量阅读"课程；管建刚的"动力作文"课程……这也充分说明关注教学内容建构的重要性。

第三重境界是有鲜明的教学主张。教学主张是名师在多年教学实践中形成的、比较成熟的教学见解和观念，它比教学风格更上位，更接近于教学思想。教学主张有三大特征：一是稳定性，教学主张一旦形成就比较稳定、比较成熟，不会随意更改；二是独特性，教学主张一般都带有鲜明的个体风格特征，各不相同；三是体系化，从教学风格走向教学主张最明显的标志就是结构化、体系化，能够自成体系。当前小语界的"诗意语文""组块教学""文化语文""情智语文"等，都有自己鲜明的教学主张，是教学个性的集中体现。

"江山代有才人出，各领风骚数百年。"盛世中国，更期望名师辈出，各领风骚，谱写出扎根中国大地、具有中国品格的语文教育新诗篇。

聊成长

259

将"短板"转化为"优势"

何　捷

什么是"短板"？什么是"优势"？让我们通过一个故事来了解——

1968 年，美国 3M 公司的西佛博士开发了一种胶水。他的最初目的是发明新型的强力胶水，但没有成功。新胶水的黏性不仅没有比原来的更强，反而更弱了。西佛博士很执着，他坚信自己的发明必有用武之地。

后来，黏性不强、可以重复撕贴又不破坏纸张的"便利贴"就这样诞生了，现在大家都在广泛使用。这个小玩意改变了世界，也成了 3M 公司的代表性发明之一，为公司带来了不菲的经济回报。西佛博士的发明，看似为次品，有短板，但是却满足了不同的需求。

短板是一种限制，每个人都有。每个人在教学中都有短板，不妨换个角度这样思考：承认，明确自己受到的限制；构想如何突破限制，发挥新的作用。

以笔者为例，我的嗓音条件并不好，这点投射到一个语文教师身上，对教学质量构成三种限制：第一，不能达到张口即技惊全场的效果。很多教师觉得，朗诵出彩真的好，一张口就能让学生觉得很有"语文味"，有技惊全场的效果，同时也有助于顺利开展教学。可我不行。第二，不能以教师的范读引导学习。当教师的教学解读比较平常，教学设计比较平庸时，倘若其范读功夫很好，可以通过不停示范，达到较好的教学效果。范读，就成了教学的主流。可是我做不到。第三，不能在师生互动中起到激活的作用。如果教师的朗读足够好，一示范，就能激活学生，还能在范读中埋藏许多语言文字训练点。但嗓音不好，就很难做到这些。

认清楚自己的短板，认识短板中的限制，接下来就要构想"突破限制而同时能发挥作用"的方案。

　　既然不能够张口即技惊全场，不如就慢慢暖场。嗓音不好，就慢慢读。可以选择朗读较长的一个片段。如果朗读短句，很快就结束了，短板就容易暴露。而朗读长段落，再配合背景音乐，慢慢地介入，就能渐入佳境。也许，起初学生觉得老师读得不怎么样，但只要老师越读越投入，就能越读越精彩，最后读出震撼的效果也是有可能的。这就是针对第一个限制作出的改变。

　　既然教师的示范不能成为主流，就不如让学生的朗读成为主流。教师读得不大好，就不要强求自己读，可以转变思路，让学生多读。教师的指导到位了，学生读好了，依然能用"朗读"营造美好的教学氛围。短板也就成了特长。

　　既然不能在互动中起到激活作用，就不如让学生相互激活同伴。课堂的灵动性仰仗师生的互动。若是教师的朗读效果不佳，很可能无法在师生互动中找到共同的关注焦点，无法朝着共同的方向发展。但反过来想，教师的能力弱，可以激发学生的能力，让学生的能力变得强大起来。这样的"互补"刚刚好。

　　我的短板不止一处，我的听力也不好，所以我常常侧耳倾听。这让我的教态成为大家津津乐道的"最美姿势"——弓着身，侧耳倾听学生的发言。其实，真的是因为我有短板。不过，这一短板居然转变为我的优势。

　　除非看到此篇小文章，没人知道我的无奈。

　　所以，短板不是问题，关键是要能转化。一线教师，请让你的"短板"，转化成你的课堂"高光"，请表现出你个人独特的精彩。

作为语文教师，我专业吗

周益民

前段时间，学校大课间活动安排各班练习接力跑，可能我教的班级学生还太小，交接棒总不够默契，有时还掉棒。于是，每到交接棒时，我就在边上大喊："注意，别掉棒！"遗憾的是并不奏效，棒照掉不误。这时，体育李老师走了过来，见状，中气十足地高喊："注意节奏，举棒交接！"真是神了，仅仅八个字，情况大为改观，跑动的学生提前举起棒，稳稳地交接。

我不禁在心里感慨，好专业！

有个年轻朋友是京剧票友，唱程派男旦，近期跟老师学《白蛇传》，但总拿捏不准人物的状态，找不到戏中的陶醉感。教戏的老师是京剧名家，建议说，去嗅花吧！果然，朋友在嗅花中找到了感觉。

听闻此事，我不禁在心里感慨，好专业！

当外行在一旁茫然无措时，专业人士却能一眼洞察关键所在、症结所在，进而提出富有针对性的建议与措施。人们常说"名师出高徒"，其实看中的并非师之"名"，实质是认为名师的专业能力普遍比较强。

于是，我在心里问自己，作为语文教师，我够专业吗？

想起了贾志敏老师。听他的课，我们总是惊叹他对语言的敏感。学生表达时的任何纰漏都休想逃脱他的耳朵。他像一名语言医生，严谨，一丝不苟，不断修正、规范着学生的语言。

想起了李吉林老师。在她设置的一个个真切的情境里，课文的语言文字不再是抽象的符号，而幻化成了一个个可感的形象，张开了学生想象的双翼。

这些老师为语文教师的专业性提供了范例：不但自身具有良好的语文素养，同时具备良好的指导学生学习语言文字的素养，即自身素养和教学素养。专业性是不可替代性。拥有专业性，才能获得职业的尊严。

专业能力强的语文老师，面对学生和家长如何提高习作水平的询问，不是空泛地谈论要"多读多写"，而会精准分析特定个体存在的问题，提出具体的建议。

专业能力强的语文老师，面对学生和家长可以阅读哪些书籍的询问，不是空泛地说几部人所共知的名著，而会分析特定个体的阅读现状，进行私人定制式的结构化推荐。

那么，如何提升自己的专业性呢？永不满足的学习和思考固然人所共知，支撑这一行为的，则是强烈的责任意识，是对学生的人性关怀。

对初入小学的儿童而言，汉语拼音的学习着实不易，尤其对于个别有轻微生理障碍的儿童，某些字母的发音十分困难。对于这类儿童，很多教师在努力无效后会选择将就甚至放弃。这自然可以理解。然而，刘军老师（江苏省特级教师）却选择迎难而上，再棘手的问题，她都要找到解决的办法。

有个孩子因为口腔的生理原因，总是无法读准拼音"g"。刘老师不断思索、尝试各种办法。一天，她从口腔科医生的口腔检查受到启发，借来压舌板，压住该学生的舌根，终于帮助他发出了正确的读音，获得了成功体验。就是这样，刘老师解决了诸多教学中的疑难杂症，成了真正的教学专家。

作为语文教师，我专业吗？我愿意一直这么追问自己。

聊成长

语文往事

闫　学

　　一名青年教师在上一节公开课，讲的是寓言故事《自相矛盾》。但这节课只上了二十分钟就不得不下课了——她是第一次登上公开课的讲台，过于紧张，以致遗漏了几个重要的教学环节，课堂逻辑因此被切断、被打乱，只能草草收场。

　　这名青年教师就是我。

　　转眼间三十年光阴逝去，我已经成为一名"资深"教师。我有时候会想，除了自己，还有谁会记得那节课，记得那名青年教师的尴尬时刻？某些对自己来说刻骨铭心的记忆，在别人眼里只不过是平常一瞬。

　　不只是我，许多青年教师都是这样跟跟跄跄出发的。正是这样的经历激励着我们，不断锤炼自己的基本功，不断积淀自己的专业底气，逐渐在课堂上自信地站立起来。

　　其实，"课"就是"人"。一节不成功的公开课，暴露了我初登教坛时的青涩，也激发了我不肯服输、不甘沉沦的倔强追求。我始终坚信自己能上好语文课，坚信自己可以成为一名好老师。

　　初中时代，教我语文的是于长才老师，他让我第一次感受到语文的魅力。于老师写一手非常漂亮的粉笔字，而且喜欢使用不同颜色的粉笔强调重点，增加美感，让我们不舍得擦掉他的板书。他亲自动手刻版印发了许多经典美文，课堂上由他先范读一遍，再让我们大声诵读，并且要逐个背给他听。直到现在，我似乎还能闻见那油墨的芳香，还能听到他诵读刘白羽散文时浑厚的声音："雨啊，我歌颂你的狂暴，也赞美你的温柔……"

　　也许我对教学和文学的热爱，就是在那个时候扎下的根。后来，我选择做一名语文老师——我觉得语文老师这个职业，能最大限度地兼顾我对教学和文学的热爱。

　　但真正开始做语文老师，并非一帆风顺，我在公开课上的"惨败"就是一个实证。为了帮助我尽快成长，学校请王建霞老师做我的师父。王老师当年四十多岁，为人善良淳朴，教学经验丰富。有一次她看了我批改的学生作业，没说什么，只拿出她班的学生作业让我看。我看了几本，不禁羞愧不已：相比之下，我班的学生作业字迹潦草，我的批改也马马虎虎，多有错漏……她虽未直接批评我，却让我明白了她的用意：认真备课，认真批改作业，严于律己，也严格要求学生，这是为人师的本分。

　　多年之后，我也做了青年教师的"师父"。我常常跟青年教师们讲语文教学的方法与策略，有时也会讲起自己这些往事：讲自己那节上得乱七八糟的公开课；讲于长才老师那美得让我们心醉的板书，讲他如何督促我们诵读经典美文，如何激发我们对语言、对文学的热爱；讲王建霞老师当年对我的帮助和教诲；讲一名合格的语文老师应如何坚守自己的初心、尽为人师的本分。

　　在我眼里，这些"语文往事"就是宝贵的财富，里面蕴藏着教育教学的根本法则，不断给自己警示和启迪。

改变课堂，教师要先改变自己

杨再隋

改变课堂，关键在教师。因为教师是课程计划的执行者，是课程目标的制定者，是课程策略的实施者，也是课程评价的检测者。所以，教师是改变课堂的主导者。为了改变课堂，教师首先要改变自己。

一、改变教育观念

教育的对象是人，教育的目的是育才、育人。教育观究其实质主要是儿童观。古今中外对儿童有许多迥然不同的观点：是幼稚、无知、懵懂的黄口小儿，或是有灵性、悟性、内生性潜质的蒙童；是用同一规格的模具铸造出来的产品，或是各有身心特点、个性鲜明的个体；是消极、被动、呆板、任人灌输的容器，或是好奇、好问、好动、充满生命活力的生命体……

教育观念犹如一双看不见的手，掌控着教学活动的全过程。陈腐的教学观将会搅乱你的心智，影响你的情绪，使教师丧失对课堂现象的清醒判断。正确的教学观则让教师耳聪目明，能及时觉察儿童心理的微妙变化，调动学生的学习兴趣，又能因势利导，将学生引入课文情境之中，练语习文，真正进入学习过程。

二、改变教学策略

教育观念决定教学策略，教学策略体现教育观念。《义务教育语文课程标准（2022年版）》课程理念中提出的"促进学生自主、合作、探究的学习"提示了语文教学的基本策略。自主，是学生自己做主、认同自己是学习的主体，是课堂的主人。自主，贯穿于全部学习活动。合作，是自主合作；探究，是自主探究。所有的听说读写活动，都是学生的自主实践。

合作，是一种实践活动，更是一种意识。在教学中，应鼓励学生之间共享资源，实现智慧互补，同时也要倡导思想碰撞，言语交锋。学生之间在碰撞和交锋中倾听不同的观点，了解彼此的差异，更能激发深入的思考，促进有新意的表达。这比得出统一答案更有意义。

探究，是通过已知去推想未知，得出新知的过程。即由一个已知判断，经过逻辑推理，去获得新的判断的过程。对小学生要求不宜高，主要是培养探究精神。教学中，应结合课文，引导学生由具体形象思维向抽象逻辑思维过渡，尝试学习运用逻辑推理进行初级的探究活动，让学生感受探究的乐趣，以培养学生的探究意识和创新精神。

基于以上认识，语文教学应从教师为主、讲解为主向学生为主、自主实践转变，从专注理解、深化理解向强调运用、优化运用转变，从单一的语言训练向听说读写综合实践转变，从狭隘的、封闭的、沉闷的学习状态向开放的、自由的、快乐的学习状态转变。

三、改变教学行为和习惯

近些年来，语文课堂上也出现了一些乱象和杂音。例如，以牺牲语文的"工具性"为代价突出"人文性"。这样的课，既不像思品课，也不像语文课，割裂了工具性与人文性的内在联系，使二者两败俱伤。有的课，文学概念、美学术语满堂飞，却缺少学生的语文自主实践。由于深奥难懂，虽然教师"慷慨陈词"，但学生还是一头雾水。此外，课堂提问太多、太碎、太凌乱，学生回答问题时，不完整的半截话多，无语文味的口水话多，没有实际内容的废话多。这些唠嗑式的谈话，不仅撕裂了教学内容的整体，而且没有思维的价值和语言价值，更无思想教育的价值。

有鉴于上，教师应端正自己的教学观念，努力提高自己的理论修养，丰富自己的经验积累。要像斯霞、袁瑢老师那样，把全部的爱倾情献给儿童；像于永正老师那样，"把自己也教成了孩子"。在教学实践中，不断改变自己，在改变中努力提升自己。

讲故事的人

孙双金

2012 年 12 月 8 日，中国作家莫言在瑞典发表演讲，主题为"讲故事的人"。演讲结束，在场的嘉宾无不为莫言的故事所感动，集体起立鼓掌长达 1 分多钟。外媒评价其演讲简简单单，却透彻心扉。

莫言是著名的作家，更是讲故事的高手。讲故事是作家重要的本领。不论长篇、中篇、短篇小说，均要围绕故事展开。故事情节是吸引读者的重要元素。可以说构思好故事情节，小说就成功了一大半。从莫言讲故事的本领，我想到了我们语文老师。

我认为，语文老师也应该是会讲故事的人。

为什么呢？

因为讲故事顺应了人的天性。这一点，我们做教师的都有切身的感受：只要老师说"我给你们讲个故事"，学生们马上欢呼雀跃，然后个个端坐，神情专注地看着老师。故事仿佛有魔力似的，能让任何调皮的学生迅速进入听课的状态。为什么？正是因为爱听故事是人的天性！故事中有情节，有起伏，有高潮，有个性鲜明的人物，有异想天开的奇思妙想，还有诸多闻所未闻的新鲜事儿。《中庸》开篇即言："天命之谓性，率性之谓道，修道之谓教。"率性而教，方为真教。

因为讲故事顺应了教育规律。在拜访思维科学专家张光鉴教授时，张教授提到一个名词叫"事件记忆"。"事件记忆"能激活人的大脑皮层，使人的思维处于积极的兴奋状态。张教授的"事件记忆"理论在我 30 多年的教学中得到充分的印证。我教过的学生来看望我，他们不一定记得我给他们上过的公开课，但他们能够异口同声地说我给他们讲的故事让他们终生难忘。

原来，"故事记忆"给人的印象这么深刻！受此启发，我的《走近李白》公开课教学就运用"故事记忆"，一节课中串起了"天子呼来不上船"的故事，李白、徐凝、苏轼写"庐山瀑布"的故事，李白"醉酒答湖州司马"的故事，得到听课老师和学生的高度赞誉。

既然讲故事对教学这么重要，那语文老师应讲好哪些故事呢？

首先要讲好书本故事。教师的第一任务是教好语文书，而语文书上有大量的好故事。你讲神话故事时，要带领学生穿越时空，张开幻想的翅膀，飞翔在远古的时代，人神合一，征服自然。你讲民间故事时，要让学生对美好生活充满向往，异想天开，飞天揽月，沉浸在梁祝化蝶的美妙想象中。你讲童话故事时，要用夸张的口吻，强化故事情节的丰富多变，突出人物的性格特点，让学生在奇特生动的故事情节中领悟人生的真谛。

其次要讲好生活故事。生活有时平淡如水，生活有时变幻如山，生活啊，就是一首无言的歌。我们要有一双隐形的翅膀，学会在平常的生活中尽情飞翔。我们要有一双神奇的慧眼，发现平淡生活中的动人之处，在如水的生活中唱出一支美妙的歌曲。岁月如流，岁月如歌，岁月如诗，诗意地栖居大地，用诗意的心灵观照生活，提炼生活，感悟生活，品味生活。

语文老师应该成为善于讲故事的人，更应该成为书写精彩人生故事的人。人生的旅途漫长而美妙，每个人的人生故事都由自己创造和书写。你将要为自己的人生创造怎样的故事呢？希望每一位老师，都能用大爱情怀及生命智慧，创造出属于自己的别样人生。